文化旅游开发与管理研究

闻艳云　李惠惠◎著

文化发展出版社
Cultural Development Press
·北京·

图书在版编目（CIP）数据

文化旅游开发与管理研究 / 闻艳云，李惠惠著．
北京：文化发展出版社，2024．7．-- ISBN 978-7-5142-4401-4

Ⅰ．F590.3

中国国家版本馆 CIP 数据核字第 2024PL3516 号

文化旅游开发与管理研究

闻艳云　李惠惠　著

出 版 人：宋　娜

责任编辑：袁兆英　　　　责任校对：岳智勇

责任印制：邓辉明　　　　封面设计：守正文化

出版发行：文化发展出版社（北京市翠微路 2 号　邮编：100036）

网　　址：www.wenhuafazhan.com

经　　销：全国新华书店

印　　刷：天津和萱印刷有限公司

开　　本：710mm × 1000mm　1/16

字　　数：200 千字

印　　张：11

版　　次：2025 年 1 月第 1 版

印　　次：2025 年 1 月第 1 次印刷

定　　价：72.00 元

I S B N：978-7-5142-4401-4

◆ 如有印装质量问题，请电话联系：010-58484999

前　言

随着人们生活水平的提高和旅游业的快速发展，文化旅游已经成为一种重要的旅游形式，而文化旅游开发与管理也变得越来越重要。文化旅游开发需要深入挖掘当地的文化资源，包括历史遗迹、民俗文化、传统工艺、节庆活动等多个方面。在开发过程中，需要对这些文化资源进行全面的调查和评估，找出它们的特色和亮点，然后根据市场需求和旅游发展总体规划，制定相应的开发策略和方案。文化旅游管理需要建立完善的制度和机制，在管理过程中，需要提高服务质量和关注游客体验，加强旅游从业人员培训和管理，推动旅游产业的可持续发展。文化旅游开发与管理需要注重创新和品牌建设。在当今竞争激烈的旅游市场中，只有不断创新和提升品牌形象，才能立于不败之地。

本书共六章。第一章为文化旅游概述，分别介绍了文化与旅游的概念、文化旅游的定义与内涵、文化经济与旅游经济、文化旅游与城市经济四个方面的内容；第二章为文化旅游开发和管理的概念，主要介绍了四个方面的内容，依次是文化旅游开发的概念、文化旅游开发战略、文化旅游管理的概念、文化旅游管理的价值和策略；第三章为特色文化旅游目的地的开发与管理，分别介绍了三个方面的内容，依次是历史遗迹类旅游目的地的开发与管理、主题公园类旅游目的地的开发与管理、文化艺术类旅游目的地的开发与管理；第四章为可持续开发的文化旅游，依次介绍了可持续发展与文化旅游、可持续发展文化旅游资源的保护、可持续发展文化旅游的创造性开发、国内外文化旅游开发实践与启示等四个方面的内容；第五章为文化旅游服务管理，主要介绍了四个方面的内容，分别是文化旅游景区的服务管理、旅行社和酒店文化服务管理、文化旅游的公共服务管理、文化旅游服务管理技术创新；第六章为文化旅游管理人才的培养，分别介绍了文化旅游专业人才培养现状、文化旅游专业人才培养目标与定位、文化旅游管理人才培养方案三个方面的内容。

在撰写本书的过程中，作者参考了大量的学术文献，得到了许多专家学者的帮助，在此表示真诚的感谢。本书内容系统全面，论述条理清晰、深入浅出，但由于作者水平有限，难免有疏漏之处，希望广大同行及时指正。

闻艳云

2023 年 11 月

目 录

第一章　文化旅游概述

本章为文化旅游概述，分别介绍了文化与旅游的概念、文化旅游的定义与内涵、文化经济与旅游经济、文化旅游与城市经济四个方面的内容。

第一节　文化与旅游的概念

一、文化的词源、界定和结构层次

（一）文化的词源

“文化”最初的词义与现在完全不同，在古代文献中，“文”和“化”是两个独立的概念，“文”最初的含义为纷繁交错的色彩，“化”的本意是改变、变化。《说文解字》中将“化”解释为“教行也”，即改变人类原始蒙昧状态以及进行各种教化活动。“文化”最早连缀起来使用是在《易·贲卦·象传》中，用于指自然规律。近代中国人所讲述的“文化”，则为19世纪末自日文转译过来的，它的内涵包括加工、修养、教育、礼貌及文化程度等。而随着时代的发展，文化的含义越来越丰富。

19世纪中期，西方国家开始出现并兴起社会学、人类学等新的人文学科，“文化”一词也随着社会的发展产生了新的意义，并在西方国家的人文学科领域成为重要的专门术语。最先把文化作为专门术语使用的是英国的“人类学之父”——爱德华·泰勒（Edward Tylor，1832—1917），他在1871年出版的《原始文化》一书中把文化定义为“从最为广泛的民族意义上看，文化或文明属于一个综合性体系。它主要包括知识、艺术、道德、信仰、法、习俗以及作为社会成员的人所学到的其他能力和习惯”。自此以后，西方学者为“文化”下了诸多定义，在定义中包括了“文化是人所创造的一切”[①]“文化是物质价值和精神价值的总和”[②]等观点，从不同的角度、不同的层面给文化作了界定。

（二）文化的界定

由文化的词源我们了解到，在中西方文化是一个不断发展的概念，而内涵的不确定性必然会造成外延的不确定性，所以很难给它下一个十分确切的定义，但是可以将文化分为广义和狭义两种。

1. 广义的文化

广义的文化重点为“人化自然”，是“大”的文化，强调人的主观能动性的发挥。在广义的文化中，人与自然是存在本质区别的，文化涵盖的范围与自然密切相关。人在自然中生存，将自身的智慧、情感和创造作用于自然，与自然进行沟通与交流，对自然进行理解和利用。因此，广义的文化即人类在自然界生存所进行的一切有意识的社会活动和结果。梁漱溟是我国著名的文化学家，他曾提出“文化，就是吾人生活所依靠之一切……文化之本义，应在经济、政治，乃至一切无所不包”[③]。庞朴是我国当代著名历史学家、文化史家、哲学史家、方以智研究专家，他主张从物质、制度和心理三个层面去把握文化的要领和内涵。总之，应该说文化是包罗万象的。自人类产生开始便产生了历史。在漫长的历史进程中，人类发明了文字和语言，建立了城市与社会，不断更新生活环境和生活方式，社会生产力也在随着人类的不断探索而飞速发展。文化实际上指的就是人类的这些创造以及人类自身的性格特征、心理特征、道德品质、思维模式等精神要素之间相互作用的结果，既包含精神性的内容，又包含物质性的内容。

2. 狭义的文化

狭义的文化与广义的文化最大的区别就是不包含物质性的内容，相对来说是“小”的文化。爱德华·泰勒在《原始文化》中对文化进行的定义就属于狭义的文化。狭义的文化只包含人类在精神层面上的创造活动以及活动的结果，具体来说包含思想、学术、教育等精神领域的文明成果。实际上，狭义的文化相当于广义文化中的精神财富。

---

① 孙亚辉．文化旅游产业的研究[M]．天津：天津科学技术出版社，2017．

② 张雪婷，徐运保．旅游文化资源的开发与生态化建设研究[M]．长春：吉林人民出版社，2021．

③ 吕宛春，赵书虹，罗江波．旅游企业跨文化管理[M]．天津：南开大学出版社，2009．

（三）文化的结构层次

1．文化结构层次的划分

关于文化的结构层次，有以下几种观点。

两分说：物质文化和精神文化。

三分说：物质文化、制度文化、精神文化。

四分说：物质文化、制度文化、行为文化（风俗习惯等）、精神文化（思想与价值等）。

2．各层次文化释义

本书以“四分说”为例分析各层次的文化。

（1）物质文化

物质文化在文化的结构层次方面属于文化的表层结构，是具有物态实体的文化事物，具有可感性，其包含的文化事物都是看得见摸得着的。物质文化为文化创造提供物质基础，是人类对自然事物进行的加工与创造的结果，概括来说，物质文化指的就是人类进行的物质产品创造活动以及活动创造的各种器物。

（2）制度文化

制度文化在文化的结构层次方面属于文化的中层结构，主要包括家族制度、经济制度、法律制度、婚姻制度以及各类组织等，是人类在社会生产实践以及与他人在社会交往过程中创造的各种处理人与人之间关系的准则、法律与社会规范。制度文化能够帮助人类解决在社会生存中遇到的各种社会矛盾，调整人与人之间的社会关系，使人类生存的社会环境更加和谐。

（3）行为文化

行为文化是人类在长期的社会实践和人际交往过程中形成的习惯与思维定式，是人们约定俗成的文化表现，日常生活中的民风民俗是其常见形态，它具有鲜明的民族性和地域性特点。

（4）精神文化

精神文化指的是人类的思维方式、价值观念、宗教信仰以及审美情趣等精神层面的文明成果，是在人类的社会实践和意识活动中产生的。它是以观念形态呈现的文化现象，具有抽象性和相对独立性，因而精神文化处于文化结构的深层。

需要说明的是，文化的各个层次实际上是一个有机整体，它们相互制约、相互影响、相互作用，并在一定条件下相互转化，因而互为表里，不能割裂。这里只是为了给分析文化内涵提供一个切入点才分层论析。

二、旅游的概念与特性

（一）旅游的概念

1. 旅游的词源

“旅游”一词最早见于南朝梁沈约的《悲哉行》：“旅游媚年春，年春媚游人。”

在中国古代，“旅”和“游”是两个各自独立的概念。旅，即旅行。《周易正义》：“失其本居而寄他方，谓之旅。”游，即游览。古文中有“息焉游焉”一语，还有“谓闲暇无事于之游”。可见，旅游即旅行游览，是旅行和游览二者结合的活动。

2. 旅游的定义

在人类历史发展到一定阶段时，人类开始产生旅游需求，人们为了追求心理层面的快感而开展旅游活动，这实际上是一种自发的审美过程和自娱活动，随着社会的不断发展，旅游逐渐成为人们最基本的社会活动之一。

经济定义：旅游指的是非本地居民（即外地或外国人口）在旅游目的地停留所进行的各种经济活动。

文化定义：旅游是一种休闲活动，它包括旅行或到离定居地较远的地方逗留。其目的在于消遣、休息、丰富人的经历和接受文化教育。

（二）旅游的特性

1. 经济性

①旅游活动本身是社会经济发展的产物。

②旅游者的出游需要借助于旅游企业提供的产品和服务，二者构成一种经济上的需求与供给关系。

③旅游对外界经济环境有很大的影响。

2. 文化性

①旅游者依赖一定的社会文化背景而产生。

②旅游资源是一定社会文化环境的化身。

③旅游设施和服务是一定社会文化环境的自我表现形式。

第二节 文化旅游的定义与内涵

文化是旅游业发展的重要内核，是旅游资源的内在属性。文化旅游是旅游系统的一个分支，自人类产生旅游需求以来便一直焕发着生机，受到人们的广泛喜爱。文化旅游一直是各国政府所关注的旅游方式，它能够有效促进各国文化在世界范围内的传播，使世界各国人民之间的交流更加频繁，并且对于各国经济的发展也有重要促进作用。在现代生活中文化对旅游活动来说仍然十分重要。人们在旅游过程中希望领略旅游目的地不同的文化习俗与文化景观，同时自身的文化修养也会得到提升，文化视野也能得到拓展。

一、文化与旅游的要素关系

前面我们已就文化与旅游的有关概念作了必要的探讨，接下来就对文化与旅游之间的关系进行探讨，二者之间的关系可以总结为以下几点。

第一，在人类文化发展到一定阶段时，人类产生了旅游需求。

第二，旅游活动属于一种文化现象，人类在旅游活动中能使自身的情感需求得到满足。

第三，文化是人们参与旅游活动的主要因素和主要观赏对象。

第四，旅游行为过程是信息作用过程。

旅游活动是人类文明发展到一定阶段时发展形成的一种短期生活方式，是一种具有特定形式的文化活动。当今旅游大众化的现象标志着人类的精神文明和物质文明已经发展到较高水平，人们拥有充足的资金和空余时间，就会产生旅游活动。旅游行为过程指的是人们离开居住地前往提前选择好的异地生活空间进行短期生活，最后又回到原居住地的过程。在旅游行为过程中，人们都会在有意或无意中与其他旅游者产生信息交换，对来自其他旅游者以及景物的信息进行主动或被动的接收，旅游过程中来自其他旅游者以及其他与旅游活动相关的人的信息会对旅游者产生信息作用，这种作用是信息源对信息接收者产生的直接或间接作用。旅游信息会在一定程度上对信息接收者以及与旅游相关的社会组织产生影响，因此旅游者在传递与接收旅游信息的过程中会在知觉文化方面受到一定的刺激，旅游者输出的自身文化背景方面的信息也会对其他旅游者产生影响。人们开展旅游活动都是有一定行为动机的，刺激旅游动机的主要因素是文化性质的，文化因素是吸引人们参与旅游活动的根本动机。除了文化因素，使人们产生旅游动机的因素还有大众媒体的宣传、自身的旅游经验或来自他人的间接经验、国家政治外交活动的变动等。此外，商业因素、民族因素、经济因素、学术因素、生态环境因素以及宗教信仰因素等都会对人们的旅游动机产生一定的刺激与影响。人们在旅游过程中会对文化差异进行感知并做出反应，在旅游行为过程之后也会产生与旅游相关的信息传递和信息放大的过程，这一文化过程就属于狭义的文化过程，其能够有效促进文化的交流与传播，因此是各国文化交流的重要方式。

综上所述，旅游活动是一种狭义的文化活动，是人们精神文明发展的表现形式，从属于现代文化生活。文化是旅游的本质属性，在精神层面上吸引越来越多的人参与旅游活动，推动大众化旅游的发展。

（一）文化是旅游的源泉

旅游是由旅游主体、旅游客体和旅游媒介相互联系和相互作用形成的现象，旅游活动会受到经济、社会、政治等因素的支持与影响。旅游主体指的是旅游者。从辩证逻辑来讲，旅游主体与旅游客体是旅游行为中一对相辅相成的概念。没有旅游主体，就没有旅游客体，反之亦然。旅游主体是旅游活动的主体，是旅游审美的主体，旅游主体只有与旅游客体相观照、相审视时，它才能成为旅游主体。所以，旅游审美是以旅游主体对旅游客体的直接审视为条件的。旅游客体指旅游资源，旅游媒介指旅游业。在旅游活动的进行过程中，旅游主体、客体、媒介相互交织，形成旅游活动系统。而在旅游活动系统中起主导作用的是文化。

1. 文化是旅游活动的本质属性

从文化的角度来看，旅游主体是文化的承载者与传播者。旅游主体承载着原有文化内涵前往相异的文化空间中进行旅行和游览，其在将原有文化传播到旅游目的地的同时也将各地的文化和风俗带回原有文化环境之中进行传播。然而，旅游主体并非只是简单的搬运工，在文化交流的过程中，旅游者受到多种文化的影响和熏陶，创造出新的文化和审美成果，如游记、旅游诗、摄影作品、绘画等。最重要的是旅游主体在游览的过程中，在对文化差异的比较及对文化交流的追求中，不断提高自身的文化修养和素质，实现对真、善、美的认同。文化的内在关系产生于人类在一定的时空范围中展开的生命活动，其主要包括人与自身的意识关系、人与社会行为的转化关系以及人与自然的物质转化关系三个层面。其中旅游主体文化是在人与社会行为的转化关系中人与其他人进行人际交往所产生的。

旅游活动本身就是一种文化交流活动，在旅游者出游的过程中，旅游者原居住地与旅游目的地的两种地域文化相互交流与整合，使旅游者经历与体验这一文化交流过程。要参与旅游活动，除了要有充足的可供支配的时间与金钱，还必须有一定的旅游动机和旅游需求，而旅游的动机与需求在很大程度上与文化有关。旅游活动本身就是人类文化发展到一定程度所产生的一种文化活动，旅游者出于寻求消遣和审美的动机参与旅游活动，在旅游活动中享受文化和消费文化，获得内心审美需求的满足。

2. 文化是旅游资源的魅力所在

旅游文化和旅游资源之间有紧密的联系。在旅游资源中，人文旅游资源与文化的关系最为密切。人文旅游资源是文化的集合体，其中蕴含着丰富的文化要素，文化也对人文旅游资源的开发和利用有着重要意义。许多人文旅游资源均有着深厚的文化底蕴，要想充分挖掘旅游目的地的人文旅游资源，就需要旅游开发商和规划师拥有一定的文化素养。同样，旅游者要想充分欣赏这些人文旅游资源，也要具备一定的文化知识积累。人文旅游资源是文化的一个分支，其中的许多资源都属于文化产物，许多人文旅游产品均是在文化资源的基础上进行简单开发形成的。此外，旅游资源中的自然旅游资源也与文化有很紧密的联系。中华民族的优秀传统文化孕育于祖国的大好河山，自然美景又在文化的映衬下更加富有诗情画意。自然与文化是相辅相成、相互促进的关系。例如，我国的众多佛教、道教圣地都取址于名山大川之间，壮丽优美的自然景色孕育了我国灿烂的宗教文化。有些自然旅游资源本身并不具有深厚的文化底蕴或文化属性，但在某些情况下其自然现象可能需要用科学知识进行解释，其自然美景的鉴赏也需要观赏者拥有一定的文化素养。此外，要将自然美景开发为自然旅游资源，必须赋予其一定的文化属性，因此自然旅游资源也与文化联系十分紧密。

3. 文化是旅游产业的灵魂支撑

旅游业既属于文化产业，也属于经济产业，其同时具有很强的文化性和经济性。从我国的旅游发展情况来看，现代旅游已经不再是单纯的观光旅游，人们参与旅游活动的目的不再只是追求感官层面的愉悦，更多地是追求文化上的享受，人们出于获得审美享受的目的参与旅游活动，旅游已经从简单的游山玩水转变为一种具有很强的综合性和审美性的文化活动。要使旅游资源和产品保持吸引力和活力，就要满足旅游者的审美需求和文化需求。在开发旅游产品时，要使旅游产品具有一定的文化内涵和文化品位，在旅游产业的方方面面都要凸显旅游的文化特性。在旅游产业的运转过程中，餐饮、住宿和娱乐等方面都要注重提升文化品位，使文化渗透于旅游产业的各个环节，加强旅游相关企业的文化建设，提升旅游服务人员的文化素养。在导游解说、旅行社经营等旅游产业的细节部分更要提高文化要求，只有这样旅游产业才能可持续发展，保持运作活力。

（二）文化与旅游主体

需求是人类生存及发展最直接、最本原的动因，人类的需求在物质需求、精神需求和生态需求间不断地过渡和演进，使需求呈现出多样性和递进性的特点。不同地区、不同民族和不同时期，人们需求的范围、程度和目的也千差万别。随着产业革命的发展，人们的需求逐渐从物质性需求向精神享受性需求转变。需求的主体，即本书里所说的旅游主体，在一些旅游文化的书籍里面也被称为“我者”，即旅游者，而“他者”，即为东道主。

1. 旅游主体的文化人格

人类要生存下去必须使用各种手段和工具来满足自己基本的生存需要，摆脱自然对人的限制和束缚，不断提高自己的生存能力和生活质量，从而创造出一个人为的生存环境——文化。旅游者都具有旅游主体文化人格，这是由于旅游者来自不同的国家和地区，在不同的地域民族特色和自然、人文因素的影响下，人们会形成各种各样的人生观与价值观，这使得旅游成为一种文化的碰撞与交流的过程。旅游主体文化人格会使人们产生旅游需求，激发人们的旅游动机。此外，在旅游活动中，旅游者通过在旅游活动中获得内心审美和精神需求的满足，能够使自身的文化人格得到升华，这有利于旅游者审美品位的提升和文化素养的培养，还在促进社会整体的进步方面有重要作用。但是在旅游过程中，旅游者的文化人格可能会发生异化，旅游主体文化人格的异化是一种旅游文化中的亚文化现象，是产生于旅游活动的一种负面效应。其主要表现为旅游者追求极端行为，在人格的发展方面呈现出与现实社会发展相违背的特点。旅游主体文化人格的异化主要源于旅游者对异端的自由、自主、超越等的追求，这些都会改变旅游者的文化人格面貌。文化人格发生异化的旅游主体会在旅游活动中出于实现自身自由意志和愿望的目的而做出一些极端行为，这会对旅游文化产生严重不良影响，因此，这一问题要引起旅游产业相关人员的高度重视，避免旅游主体人格发生异化。

2. 旅游主体的文化需求

随着人们改造自然的能力和水平不断提高，其对自然的控制力越来越强。对自然和生态造成的破坏程度也越来越大。社会组织、制度和社会角色在帮助人类超越自然的同时也束缚了人类，造成人们心理上的苦闷、焦虑和紧张。因此，人们需要通过另外一种生活方式、一种对自然的回归来使人性重新获得舒张和调适。在这样的生活中，人们通过接触异地文化、领略别样的地域风情、感受不同的文化生活等方式使身心得到愉悦与放松，使精力和体力得到恢复，使生活与工作节奏得到调节，暂时摆脱工作环境和生活环境的单调、枯燥和紧张。旅游动机是推动人们进行旅游活动，并使人处于积极状态，以求达到旅游目标的心理现象。旅游动机是形成旅游需要的主观因素，是直接推动个体进行旅游活动的内部动因。概括地讲，旅游动机是引发和维持个体旅游行为并将旅游行为导向旅游目标的心理动力。

人们在旅游的过程中接触各种相异的文化，不但发展了文化人格，而且追求了人性自由和人性解放，满足了人类认知自我、完善自我和实现自我的需要。因此，我们可以总结出：不论人们出于何种动机进行旅游都是为了满足一种心理需要。旅游是人类的一种精神活动，是人们为了得到在日常生活中得不到的那种生活体验的精神活动，是为了获得一种精神上的自由享受。旅游的需要主要出于精神性的享受和发展需要，是一定文化背景下的产物。因此，就旅游的本质而言，绝大多数的旅游动机都是文化性质的，文化是旅游产生的重要因素。

3. 旅游主体的文化认知

人类从远古时代开始就产生了对环境进行探索和认知的愿望，人类为了自身的生存安全以及其它生活需求而不断扩展活动范围。在对环境进行不断的探索和认知之后，人们开始对环境做出改变，将自然环境改造为更适合人类生存的形式。在这种从远古时代就开始进行的对大自然的改造活动中，文化也不断产生和发展。人类普遍存在着一种“远方崇拜”的心理，即认知和寻求远方的差异性，这成为人们外出旅游的主要内在动因。因此，认知的愿望是人类文化形成与演变的根本动力，同时也是旅游需求产生的根源。旅游者进行旅游是为了交换异地认知、感受异地文化、陶冶情操和放松心情以获得文化满足。文化是人类适应环境和改造环境的结果。不同地域自然生态环境的差别造就了各地区风格迥异的文化现象。人们通过对各地文化现象的不断认知与探索，不仅满足了自身心理需求，而且达到了完善自我、实现自我的终极目的，最终推动和实现了社会的发展。

4. 旅游主体的文化活动

旅游就其本质而言是人们所追求和向往的另类生活方式，其本身隶属于社会文化的范畴，是涉及经济、政治、艺术和宗教等许多方面的社会文化活动。不论何种旅游活动都属于文化范畴，文化始终贯穿旅游活动的全过程。旅游活动本身就属于一种文化活动，人们在旅游活动中享受文化和消费文化，同时还可能创造文化。旅游活动综合了吃、住、行、购、游、娱六大方面，这六大方面的活动都与文化有着密切的联系，旅游者在旅游活动这一综合性的文化活动中能够充分满足自身的文化需求，体验丰富的文化内涵，提升自身的文化素养。

吃："吃"这一活动体现出当地的饮食文化和生活习惯，旅游者在旅游中的一项重要活动就是品尝旅游目的地的传统美食。

住：旅游者可以在当地的民族村落里过夜，体验另类的居住环境和不同的民居风格。

行：旅游者可以依据当地的自然环境条件和习俗，选择坐马车、骑骆驼或是背着行囊长途跋涉。

购：旅游者在旅游目的地购买的文化产品都具有浓厚的文化特色。

"游""娱"这两个方面的活动也属于能带给人精神层面上的愉悦的活动，具有很明显的文化特征。事实上，旅游活动的各个环节都蕴含着深厚的文化内涵。人们外出旅游或欣赏自然风光，或游览名胜古迹，或了解民族风情，或感受异国情调，或品尝风味美食，或体验乡村生活，或感受都市生活，无一不是文化欣赏和文化享受。同时，旅游活动也是一种文化交流活动。旅游者承载的文化与旅游目的地的文化相互交融并产生相应的影响。文化内涵对于旅游活动来说具有重要意义，没有文化内涵的旅游活动无法满足旅游者的需求，不具有文化价值的旅游不是真正意义上的旅游，其只是一个具有旅游的形式的空壳。因此，旅游活动的设计要充分考虑旅游主体的文化需求，提升旅游活动的文化品位和文化价值。

以上六个要素组成了旅游主体文化，一些学者称其为客源地文化。旅游主体文化居于重要地位。旅游者在进行文化空间位移的过程中，使原本分散的客源地和目的地连接成为超越单一文化的社会交流和对话网，使旅游出发地与目的地、客源国与东道国在经济与文化上联为一体。旅游者既是文化交流的主体，又是文化的载体。旅游作为一种现代生活方式，不可能脱离社会条件而单独存在。人们的生活环境即客源地，影响着旅游者主体文化的形成。客源地的发展水平、文化风俗、道德规范等文化因子对旅游者有着深远的影响。

寻找文化差异、体验异地文化是旅游的主要动机之一。从旅游者的旅游需求和旅游目的地提供的旅游服务来看，旅游目的地所具有的正是旅游者想要体验的、与客源地文化有明显差异的旅游资源。旅游资源的互补性也是刺激人们产生旅游动机的重要因素，城市旅游与乡村旅游、内陆旅游与海滨旅游、热带旅游与寒带旅游等都具有明显的旅游资源差异，这种旅游资源在时间和空间上的分布互补性使得人们产生了旅游需求。例如，哈尔滨冰雪艺术节就吸引了大量的南方旅游者，晶莹剔透的冰雪和热情好客的东北文化对于南方旅游者来说都具有很大的吸引力；同样，南方的小桥流水和优美田园风光也吸引着我国北方旅游者。西方旅游者来到我国旅游更喜欢前往历史古迹或文化圣地，而对于与本国差异不大的娱乐、度假旅游活动普遍兴趣不大。客源地与旅游目的地文化的差异，激发了人们的旅游动机，人们通常向往体验不同的文化和生活方式，并且环境差异越大，越能激发人们的旅游动机。

旅游主体文化与旅游者的关系，是团体与个人的关系。同一团体中的人普遍存在着一种群体压力下的从众心理，在现代社会生活中，人们之间的联系越来越紧密，为了获得来自社会大众的认同感和安全感，人们会有意识或无意识地模仿他人的行为，以此追赶社会大众的步伐。随着大众化旅游的不断发展，旅游逐渐成为一项人们的基本生存活动，这使得社会上兴起了一种旅游的时尚。而时尚会引发需求的产生，此时人们的旅游动机就会更加强烈。近些年来，随着我国法定节假日的变更，国内出现了一波又一波的旅游高潮，其中不免有社会、时尚作用的结果。

旅游主体文化影响旅游者的感知取向。旅游感知属于人的主观范畴，它来自旅游者对特定旅游目的地的感知，是旅游者对旅游目的地的主观解释和评价。有学者根据旅游感知形成的时间和行为顺序，将旅游目的地感知描述为四个阶段：本底感知场、决策感知场、实地感知场和最终感知场。其中，本底感知场和决策感知场均是在旅游者到达旅游目的地之前形成的，这时旅游者的感知取向很大程度上受到自己生活环境的影响，也就是客源地文化的影响。旅游者在客源地所接受的教育或接受的各类传媒信息使旅游者在尚未决定旅游消费之前，于头脑中已形成了对旅游目的地的主观印象。这种印象就构成了旅游者对旅游目的地的本底感知场。本底感知场的概念较为模糊，但它在四个旅游目的地感知描述阶段中起着基础作用，是其中最为牢固的一个阶段。

旅游主体文化影响旅游者的行为方式。行为方式是旅游者文化身份的重要组成部分，因此也强烈地受到了客源地文化的影响，尤其是与生理需要相联系的生活和行为习惯是很难改变的。例如，各民族、各地区的人都有自己独特的饮食习惯，所以在旅游期间并非所有人都能完全地适应当地人的饮食习惯。许多到上海来的游客就对上海菜里的甜味不能适应，而上海人到川湘一带旅游又受不了当地的麻辣。除此以外，旅游者的衣着、语言、举止等都会受到客源地文化的影响。

不同地方的文化差异直接形成了旅游者在行为方式上与旅游目的地居民的差异。如果主客之间不能进行友好的接触与沟通，这种行为方式上的差异便很容易使东道主与游客之间产生敌对情绪，甚至会发生冲突，而这将无疑对两个地区间的文化交流造成严重影响。一个地区、民族、国家的文化素养很大程度上都是通过个人行为显示出来的，由此更能说明旅游主体文化对旅游者的影响是不可忽略的。

（三）文化与旅游客体

虽然说动机的激发最直接地源于旅游者的主观需要，特别是受客源地与旅游目的地之间的地理差异、文化差异以及旅游者的社会生活方式的影响，但是客源地和旅游目的地的空间相互作用也是激发旅游动机的重要因素。

我们按旅游开发的程度将旅游客体分为旅游资源和旅游产品，它们都具有一定的文化属性。

1.旅游资源的文化属性

旅游资源是由能够对人们产生吸引力的事物及其周围环境构成的，它是人类文化发展、文明进步的产物。按照旅游资源的成因和属性，人们通常将旅游资源分为自然旅游资源和人文旅游资源。

（1）自然地理环境与文化的形成

自然旅游资源的文化属性是通过人们的山水审美思维所体现的。自然旅游资源所具有的属性并不是只有自然属性，由于自然旅游资源是在自然资源的基础上进行人为改造开发而形成的，因此它也具有社会属性和文化属性。对大自然的美进行解释与欣赏不能单一地从自然属性出发，要结合人类生存的社会环境和人与自然之间的关系对大自然的美进行欣赏，只有这样，旅游者才能理解世界各地的自然审美观，体验各具特色的文化旅游活动。黑格尔认为，自然美的秘密在价值主体——人的身上，自然美为其他对象而美，也就是说，为我们，为审美意识而美。自然之美不仅体现着风景之美，还体现着文化之美、历史之美和精神之美。它们之所以成为旅游资源，在于它们能给人以知识和美感，在于它们能使人们获得轻松和快乐，得到精神上的享受，如高山峻岭令人感到雄伟壮观，江河湖海使人心情奔放，森林草原给人浓郁幽静的感受，正所谓“文借景生、景因文传”，自然景观的美正是通过文化来鉴赏、反映和传播的。

自然环境是文化赖以生存和发展的条件，它对文化发展的影响不容小视。自然环境是文化发展的基础和条件，在地域文化特征形成、发展速度等方面起着重要的作用。在对文化的考察研究中，人们很早就注意到了自然环境对文化发展的影响，“物竞天择，适者生存”，人类始终无法脱离对自然环境的依赖。什么样的自然环境孕育什么样的地方文化，各地区、各民族的地方文化都是当地居民数千年来与环境抗争和适应的结果。自然环境是文化发展必须依托的空间载体，为了人类文化的可持续发展，人类必须做到与自然和谐共处。

（2）人文旅游资源与文化的形成

每一种文化是具体的，它不仅依存于一定的自然环境，也依存于一定的社会文化环境。社会文化环境包含着人在社会中生存所接触的各种社会条件、与其他人的人际交往关系以及人们所构成的社会内部结构，同时，该群体所共有的道德观念、价值体系、风俗习惯、宗教形态等诸多方面也包含在内。社会文化影响和制约生产文化。人们根据环境条件使用一定的工具，海、河沿岸居民必然创造船和网，而高原、草原就没有这种文化。生产文化又影响经济文化和社会（制度）文化，最后形成人们观念的、精神的和价值的文化。反过来，价值的、精神的文化又引导文化的再创造，通过社会的、经济的和技术的文化反作用于环境。改造文化从而创造新的文化环境，因此社会文化环境与文化的形成是在人的主导作用下互相作用的。

文化是民族的，没有无文化的民族，也没有无民族的文化。这充分说明了任何一个民族的文化一定受到了该民族的社会文化环境的影响，一旦离开这种特定的民俗环境，相应的文化形态就要衰退，甚至消亡。以民间的非物质文化遗产为例，江浙一带的汉族和西南一些少数民族有哭嫁的习俗，姑娘在出嫁时，根据习俗仪式，要唱“哭嫁歌”“哭爹娘”“哭兄”“哭嫂”“哭弟”“骂媒”，还要唱“哭席”“梳妆”“上轿”等。这种仪式歌是在旧时嫁娶仪式过程中唱的，这是由于在当时的社会环境中旧的婚姻制度给出嫁的姑娘带来了巨大的痛苦，人们便借哭嫁仪式唱出对旧的婚姻制度的控诉。随着社会环境的不断变化，婚姻制度的发展使得这种文化习俗已不多见。然而在现代文化旅游开发中，旅游开发商让这种文化习俗复原的行为实际上是一种舞台表演，而真实的文化内涵因为脱离了特定的社会文化环境早已消失。

不管是有形的文物古迹、民居建筑、饮食风格，还是无形的民族风情都属于文化的范畴，是人类适应环境和改造环境的结果，是人类文明的见证。由于生活地域、气候和经济发展水平的不同，我国各民族的生产、生活、饮食、服饰、风俗、艺术及节庆都各具特色：蒙古族的蒙古包不同于傣族的竹楼；在草原上生活的人们喜欢喝羊奶，而在热带、河谷地带生活的人们喜欢酸笋；彝族的火把节、傣族的泼水节等都表现出了人文旅游资源深厚的文化内涵。

人文旅游资源与自然旅游资源之间存在着一定的相对性，但二者之间同时又是相互包容的。要使旅游事业蓬勃发展，就要将自然景观与人文景观有机地融合在一起，凸显原创性、民族性、时代性的人文精神内涵。旅游学研究认为，旅游业要维持较强的吸引力，不但要充分考虑旅游主体的需求，还要保证作为旅游客体的旅游资源对于游客来说具有较高的旅游价值。优质的旅游资源要具有两个特点：一是能满足旅游者的物质和精神需求；二是要具有较高的历史、文化、艺术、科学等方面的价值。这样才能充分展现出旅游资源的旅游价值。生态旅游与其他种类的旅游相比具有更加丰富、深邃的内涵，对其内涵的解读要从自然旅游资源的自然因素出发，对其中蕴含的深厚的人文内涵进行探讨，生态旅游正是以其多层次的内涵而受到人们的广泛喜爱。

2. 旅游产品的文化属性

旅游产品的文化属性，源于人们对异地文化的探寻与追求以及对文化的认知和享受。差异性是旅游产品的前提条件，旅游产品的独特性越强，其文化内涵越丰富，就越能吸引旅游者。

不同的人有不同的个性，对于旅游目的地类型的偏好也各不相同。普洛格研究发现，开放型的人好奇心强，思维活跃，喜欢运动，他们喜欢冒险，喜欢新奇的事物，喜欢到那些偏僻的、不为人知的旅游目的地体验全新的经历，与不同文化背景的人会面、交谈，想亲身体验异地的风俗习惯，文化差异，这会激发他们的旅游动机。但是对于保守型的人来说，他们通常谨小慎微、多忧多虑、不爱冒险。这一类型的人在行为上表现出不喜欢活动和陌生环境，喜欢和熟悉的朋友一起进行旅游，倾向于参加团体旅游，习惯于前往活动量少、广为人知的旅游目的地。文化差异会阻碍他们的旅游活动。因此我们可以发现，文化差异对旅游者来说，既有积极的推动作用，也有消极的阻碍作用。

（四）文化与旅游介体

在旅游者的文化感知中，除了“主客”的关系之外旅游活动必然会涉及第三方，即“文化中介者”“文化叙述者”，并且在很大程度上，游客是通过“第三者”

的眼睛在“看”。这里的“看”指的是“旅游凝视”。“旅游凝视”的概念由英国社会学家约翰·厄里（John Urry）提出。文化中介者（文化叙述者）实际上将旅游凝视的对象有形化和具体化，从而以更直观的形式使旅游者对其进行感知。

1. 机构性中介者

机构性中介者指专门从事旅游中介服务的机构、企业，如旅游公司、旅行社以及为旅游进行策划宣传的旅游主管部门。这些机构能更好地整合旅游目的地的文化信息，通过旅游指南、导游手册、旅游网站等一系列图像、文字和影像激发游客对旅游目的地文化感知的欲求。

2. 服务性中介者

服务性中介者主要指从事景区景点介绍的导游人员。导游人员在旅游活动中扮演不同文化之间交流桥梁的角色，通过形象生动的语言、肢体和表情向旅游者介绍旅游目的地的地方文化。导游人员的素质、表达能力、对当地文化的熟悉程度等都会对旅游者的文化感知产生一定的影响，特别是在跨文化旅游中，导游的语言表达或翻译的准确度直接影响旅游者对目的地的文化感知。

旅游者通过旅游活动来达到精神上的愉悦、享受和放松。这要求服务性中介者要以文化服务为主要的供给形式，旅游经营者要充分考虑旅游者的文化需求，在旅游产业的经营中同时注重经济效益和文化品位的提升，既要实现经济发展，又要促进文化宣传，以文化促消费，在旅游服务的各个环节都融入文化因素，使旅游目的地的文化特性得以充分展现。各旅游经营者可通过树立自身的价值观、道德、精神和经营作风等，使规范的文化功能得以加强。同时，通过文化修养的培养和提高，旅游服务者的文化人格得以塑造，体现出仪态美、内在美和心灵美，从而构成企业文化的核心，体现旅游经营者的文化属性。

3. 媒体性中介者

媒体性中介者指的是通过媒体宣传提供和传播旅游信息者。随着旅游越来越被重视，许多地区都开通了旅游频道，许多电视台也相继制作了专题旅游纪录片，更为详细地向潜在旅游者——电视观众介绍各地的旅游名胜和当地文化，不断激发这些潜在旅游者的旅游动机。各种旅游广告借助旅游目的地的标志物向旅游者传播旅游文化，影响旅游者对目的地的文化感知。例如，2008 年北京奥运会的城市宣传短片中的万里长城、故宫、胡同等，2010 年上海世博会城市宣传短片里的金茂大厦、黄浦江、外滩、弄堂等，这些标志物的作用就是通过视觉、听觉等手段，把旅游目的地的文化内涵转变成看得见、摸得着的东西，这样才能让它更容易在旅游者和潜在旅游者的脑海中形成独一无二的文化形象。从心理层面来看，反复出现的旅游广告能让潜在的旅游者不断关注感兴趣的各个旅游地点，激发其旅游兴趣和购买意向，进而使其积极参与到旅游活动中来。在一些具有独特价值的旅游产品刚上市的时候，可以通过广告、媒体的宣传，在短时间内使它们尽可能地引起人们的重视和关注，使人们形成新的旅游观念。

4. 符号性中介者

符号性中介者指的是标志性旅游景观。旅游景观其实是一系列象征符号的组合，具有独特的符号价值和符号效应。例如，每一位来上海的旅游者都要去陆家嘴，到巴黎的旅游者要去参观埃菲尔铁塔，游览美国的旅游者要看纽约的自由女神像等。这些景观都是旅游目的地象征性的景观符号，在游客心中，这些标志比欣赏风景本身更为重要，对旅游者具有特殊的吸引力。

5. 遗产性中介者

遗产性中介者是文化遗产的集中展示者，如博物馆具有“停滞历史”“凝聚价值”“展示实物”“强化特质”“表达符号”等功能。对于物质文化遗产而言，博物馆以实物展示、注解、讲解的方式，能够“真实”地构成一种文化叙事，让旅游者在观看的同时感知文化。对于非物质文化遗产而言，节庆、礼仪、习俗等由于难以“真实性”地保存，因此只能以“舞台真实”的方式展现出来，即把旅游目的地的传统文化资源包装、精心设计成旅游产品，向旅游者展示以吸引旅游者。在旅游研究当中，舞台真实性与旅游产品商品化之间的联系和矛盾也引起了许多学者的关注。

另外，社会评论对旅游者也有一定的影响，这些评论不仅来自旅游专家、评论家，也来自大众旅游者，如生态旅游在我国的兴起，在很大程度上就是受到媒体与舆论的影响。毫无疑问，在信息时代，网络拓宽了人们获取信息的渠道。广告媒体宣传的官方性和夸大性，使很多旅游者更偏向于“普通旅游者”群体的信息。从心理学角度来看，同一个社会群体在相同的情况下会产生某些共同的心理行为，个体旅游者会直接或间接地受到群体参照作用的影响。很多旅游者在作旅游决策时，会大量收集来自朋友、同事以及网络上各种论坛的信息，在他们心中，这些信息比旅游广告更具有可信性和参考性。

以上几个方面共同组成了旅游介体文化。旅游介体文化不仅在旅游决策的初期影响着旅游者的偏好、动机的激发，也会贯穿在异地旅游的整个过程中，影响旅游者的旅游体验与质量。良好的旅游服务能够给旅游者留下好的旅游体验和旅游印象，能够促进客源地与旅游目的地之间的区域文化交流，使旅游者对旅游目的地的文化产生良好的认知，有利于旅游目的地旅游产业的持续发展。

总体来说，由于在旅游过程中大部分旅游者在目的地停留的时间较为短暂，他们并没有足够的时间对旅游目的地进行全面的了解。因此他们往往是通过中介的宣传和介绍了解当地文化的。而旅游者本身的自主选择余地很小，即使是自助旅游的旅游者，也很难完全摆脱文化中介者的影响。因此，文化中介者在“主—客”的文化交流中拥有很大的权力，帮助“主—客”之间建立联系，是“主—客”互动的桥梁和纽带。

二、文化与旅游之间的相互影响

我们在研究文化时，常常是从看得见的人类行为出发，通过行为来了解其内涵与价值。在长期适应和改造大自然的过程中，人们所产生的思维方式和行为方式，正是文化的核心。前者是看不见摸不着的，其体现于人的信仰、知识、观念和价值观之中。然而，人类所形成的思维方式是能够通过人的行为表现出来的。人类的行为方式，不仅表现在人类的行动之中，也表现在行动所制造的各种物质形态之中，是看得见的、可以体验的、可以掌握的。

（一）旅游对人类文化的影响

旅游活动不仅会对旅游者自身产生积极的促进作用，还会对人类文化产生宏观层面上的影响，主要表现在以下几点。

第一，旅游活动有利于对人才的造就。

第二，旅游活动是文化交流和文化传播的一种作用方式。

第三，新型旅游观念与意识促进了人类文化的发展。

第四，旅游作为一种行为方式，丰富了文化的外延。

现代大规模的旅游活动极大地影响着人们的日常生活。随着物质生产方式与科学技术的高度发展，旅游对现代社会所发生的影响日益加深。例如，在旅游发达的国家或地区，人们倡导保护自然环境，维护生态平衡。现代旅游业对世界各地可持续发展的理念发展起到了强大的支持作用。此外，旅游活动能够极大地激发诗人和画家等艺术家的创作潜能，使他们能够创作出震撼人心的文艺作品；旅游活动可以让学者获取更丰富的实践知识，使他们对客观世界的了解更加充分，从而为人类文明做出贡献。在旅行中，人们可以加深对不同文化的了解，从而促进人类文明的进步。

（二）文化对旅游的影响

文化会深刻影响旅游者的意识活动，本质上旅游现象属于文化现象。具体来说，文化对旅游者的意识活动影响如下。

第一，文化提供了规范旅游者行为的基础。

第二，各种文化因素不同程度地发挥着旅游动机刺激观的作用。

第三，旅游活动能够促进世界各国各地文化的相互交流，有利于消除文化屏障，加强文化的传播。

旅游是在社会生活的普遍规律的限制下进行的一种特定的行为，它既受旅游目的地的物质条件和环境条件的限制，又受旅游者的社会地位、经济状况、环境等因素的制约。因为旅游是一种人在一定情况下为了得到一定程度的满足而采取的一种特殊的行动方式，所以旅游行为不可避免地要受社会生活中一些特殊的规则、习俗等的影响。因此，旅游活动就具有了个体差异性。人类社会这一复杂的观念系统在一定程度上限制了旅游者在旅游活动和出行方式上的选择，也使旅游者在很大程度上受制于不同的社会生活理念系统。在社会观念系统的作用下，旅游逐步发展为一种较高级的短期生活模式。

三、文化旅游

（一）文化旅游的界定

对“文化旅游”的概念进行界定要基于对“文化”概念的理解，要抓住文化旅游的基本特性，将其与其他旅游类型如生态旅游、观光旅游等区分开来。

文化从本质上讲是一种由物质文化、制度文化、行为文化和心理文化四个层面有机组合构成的体系，其以某一特定文化群体的心理中的价值观取向为核心。文化具有民族性和融合性两大特征。不同的国家或民族的文化都有着各自的特性。民族的精神、特质与价值观取向，构成了一个国家或民族独特而优秀的文化，使之成为这个国家或民族赖以生存和发展的灵魂。因此，在一定程度上讲，一个国家或民族不能没有自己独特的精神家园，不能没有自己独特的文化。文化的民族性使得某一文化群体的人在其他民族眼中具有一种神秘感，与其他民族的文化相区分。文化的整合性即文化共同趋向同一文化内核的特性，能够使得一个国家（文化团体）的民族性（文化特征）在从工具到制度、行为、思维的一系列层面上得到展现，让旅游者能够通过旅游及其他方式去理解旅游目的地的文化群体的思想、行为和心理。

“文化旅游”中的“文化”正是上述意义的“文化”。与此同时，我们还要来看一看旅游文化与一般文化相比所具有的特点。马勇、舒伯阳在《区域旅游规划——理论方法案例》[①]一书中将旅游文化的内涵界定如下：

第一，旅游文化是人类过去与现在所创造的和旅游相关的物质、精神财富的总和。

第二，旅游文化是旅游的主体、旅游客体和旅游媒体相互作用产生的物质和精神成果。

第三，旅游文化是以一般文化的内在价值因素为依据，以旅游诸要素为依托，作用于旅游生活过程的一种特殊文化形态。

第四，旅游文化是以广义的旅游主体为中心，以跨区域交际为媒介，在丰富多样的旅游活动中形成的复杂、广泛的各种文化行为表现的总和。

上述定义对旅游文化的内涵和其内在因素之间的相互关系做出了明晰的阐释。总结来说，文化旅游即人们通过消费文化和对历史传统的鉴赏和回顾获得审美需求的满足和精神层面的享受的旅游活动。从这一定义出发，我们可以更准确地把握文化旅游的内涵。

综合以上分析，我们可以结合文化旅游的特性将“文化旅游”具体定义为旅游者通过旅游参与等方式，通过对某一文化群体（地区）的文化特征的认识和了解，从而获得知识、陶冶情操的一种旅游方式。这里所说的“文化群体”，就是一群有着完整文化联系的人。从一个村落到一个民族，再到一个国家，都可以说是一个文化群体，可以将明代人和清代人看作两个独立的文化群体，也可以将明、清两代人视为一个文化群体。对于文化群体的划分，可以参考人的地域、年代、职业和身份等不同方面。

（二）文化旅游的发展特点

随着旅游领域的竞争越来越激烈，旅游者对于旅游活动的审美品位和文化价值的需求越来越高，世界各个国家和地区的旅游产业经营者和决策者都对文化旅游项目提起了重视。总的来说，在西方发达国家，文化旅游开展得快一些，眼下正是方兴未艾之时；而在发展中国家，文化旅游才刚刚起步。文化旅游开发有以下特点。

---

① 马勇，舒伯阳．区域旅游规划：理论方法案例[M]．天津：南开大学出版社，1999．

1. 注重提炼和突出鲜明的文化主题

随着人们旅游需求档次的提高，主题旅游逐渐取代了传统的无主题旅游。那种让旅游者在彼此毫无联系的几个景点之间来回奔波的旅游项目，已越来越遭到人们的摒弃。现代旅游者要求每一次旅游活动都要围绕一个鲜明的中心展开，这就要求旅游开发部门在景区设计规划前要有主题理念。由于文化的民族性，文化旅游开发更要注意突出文化主题。

2. 注重保存和发扬民族传统文化资源

民族传统文化是一个民族的宝库，发掘传统文化的文化特质，对它们加以物态化和生活化的展示，是文化旅游开发的一种重要方式。法国在这一方面做得很出色。距巴黎 150 千米的卢瓦尔河谷是法国黄金旅游胜地之一，这里有一批著名的古代城堡，其中一座城堡叫尚博宫，是 14 世纪法国国王弗朗素瓦一世的行宫，这里面有设计独特的建筑——双道楼梯，同时经此楼梯上楼的人与下楼的人可以相互看见，但不能相遇。旅游者置身于这座城堡之中，法国文化的浪漫气息便自然会扑面而来。

由于我国文化旅游开发起步晚，相比于国外，还有很大差距。我国还有一些地区没有意识到文化旅游的重要性，没有对文化旅游提起足够的重视，在旅游产业的经营中忽视文化旅游资源的开发或开发程度较低，不足以满足旅游者的文化旅游需求，因此当地的旅游产业效益不佳。

有些地方本身有丰富的文化旅游资源，如具有地方特色的风土人情，富有传统气息的民间节日，精巧细致的手工艺品等，但旅游决策者不着重开发这些固有资源，而是建星级宾馆、豪华游乐场甚至世界公园。然而，深圳的“世界之窗”开发成功，并不等于每个地方建“世界之窗”都会成功。各地有各地的特色，不能盲目仿效。有些地方充分认识到了文化旅游资源的重要性，但是没有找到正确的文化旅游资源开发思路，或者对于文化旅游资源的开发投入不足，因此不能充分挖掘当地的文化旅游旅游资源，不能充分发挥文化旅游的优势，如对名人故里的开发，许多地方只是建一栋名人故居，摆放一些当年的桌椅板凳，然后再建一所名人纪念馆，造一尊名人头像放在里面，收藏一些有关名人的纪念品，充其量再把某某街道名换成名人的名字。事实上，这种开发远远不能满足当今旅游者的需求。旅游产业经营者将一些名人纪念品杂乱地堆积在一处，旅游者很难对其中蕴含的文化特色和社会内涵展开深入了解，旅游者的旅游时间和精力都有限，且他们的文化水平不同，对于文人故居景点的旅游特色的理解程度各不相同，因此旅游服务部门和相关部门决策者应将旅游项目的文化特色清晰地呈现在旅游者面前，使其对旅游项目的文化内涵有直观的了解。对某一文化旅游资源进行文化开发，重要的是要有主题。旅游区要有一个整体的主题，旅游区中的所有旅游项目、建筑和活动都要围绕这一主题进行安排，凸显旅游区的文化特色。没有主题的旅游区就像一个空壳，旅游者在其中游览没有一个明确的概念，旅游结束之后留下的印象也会是模糊而残缺的。在开发设计旅游项目时，要注重旅游项目对旅游者感官体验的刺激，为旅游者提供一种真实、自然的旅游环境，使其更加沉浸地体验旅游活动。国内发展文化旅游虽然起步较晚，但也有一些地方已卓有成就，如深圳华侨城就是其中闪亮的一笔。华侨城目前已建成锦绣中华、中国民俗文化村、世界之窗、欢乐谷主题公园四个大型旅游景区。这四个景区主题突出，各具特色。四区合力，既增加了华侨城对游客的吸引力，又体现了深圳特区集内地和海外于一身的特区精神。

四、文化旅游的特征

文化旅游是一种以当地文化差异为魅力，借助文化交流和互动的过程，实现文化和谐融合的旅游方式。它包含诸如民族性、注重互动体验和感性认知等特点。

（一）文化旅游的民族性

文化旅游的民族特色源于各民族所拥有的独特文化背景呈现出的多元文化。文化是一个复杂而有机的系统，同时也呈现出独具特色的民族性和整合性的特征。文化的民族性形成于早期人们在共同的地域环境下的群体生活。在社会发展的初期，一群生活在同一地域的人因自然条件的限制和共同的生存需求而聚集在一起，这群人合作完成工作任务，努力与自然环境作斗争以获取食物和其他生存必需品，他们拥有类似的技能，因此形成了共同的习惯、生活方式和思维方式。随着社会的不断发展，人类社会的经济模式正在逐步发生变化。在这个演变过程中，不同的民族在不同的历史时期和不同的历史条件下，创造了各不相同的文化形式、法律规范和道德标准。

文化不仅因不同的民族而异，也因时间、地域和社会层级的不同而呈现出不同的特点。文化旅游不仅存在于国际旅游中，在我国各地进行文化旅游，欣赏具有独特民族特色的文化景观，同样能感受到文化旅游的民族性。

在文化旅游中，民族特色主要表现为旅游景区和接待地区所展示的文化元素，并且游客对民族文化也有一定的认同感。

1. 旅游景区的文化特色

文化旅游的东道社会正是以自己景区的文化特性为诱因，吸引旅游者从四面八方聚拢而来的。一般来说，为了更好地吸引旅游者，获得更大的经济和社会效益，旅游接待地区都要对区内景区进行系统的规划设计，以便更能突出本景区的文化特色。因此旅游者一到达旅游景区，便会感受到当地的文化氛围。例如，在鲁迅故里绍兴，旅游者到咸亨酒店喝上半壶酒，信步走上青石板铺就的广场，周围熟悉的店名、青粼粼的河水、古老的乌篷船，一下子就会把游客拉入祥林嫂、赵七爷、孔乙己以及王胡生活的那个时代。旧时的时代特色与绍兴的乡土气息缠绕交融，游客在欣赏的同时获得了审美上的快感。有的时候，我们进入一个未经系统规划的自然社区，也能强烈地体会到异质文化的特色。例如，到川滇境内的彝乡去走一走，彝族同胞的豪放热情、纯真浪漫马上就会感染我们。每年 6 月 24 日是彝族人民的传统节日——火把节，这一天，人们穿起鲜艳的民族服装，打鼓踏歌，从四面八方汇聚到一起。白天表演赛马、摔跤、斗牛、射箭等节目，晚上一对对情侣，吹起短笛，互诉衷肠，悠扬的笛声伴着山坡上星星点点的火光，幽幽地阐释着彝乡的民族风情。

2. 旅游者旅游心理的民族性

来自不同文化氛围的旅游者，其旅游行为与心理不同。一般而言，我国旅游者与西方旅游者存在不同的行为与心理，例如：西方的旅游者多乐于尝试和冒险，而中国的旅游者相对而言则显得更加保守和谨慎；西方旅游者更加关注对外部世界的观察和感知，而中国旅游者偏重于旅途中的内在情感享受；西方人更注重旅游所带来的知识和价值，强调科学探究的精神，相比之下，中国人在旅游中更关注道德伦理与人文精神。这种不同的旅游性格，使旅游者在旅游过程中表现出不同的审美和行为模式。西方旅游者更倾向于选择攀登高峰、下河漂流、极地探险等旅游项目；中国旅游者更倾向于选择繁华都市、人文荟萃的旅游场地。东方和西方民族旅游性格的差异，同时也可以在饮食风俗上有所体现。谢贵安、华国梁在其所著《旅游文化学》[①] 中曾写道：西方旅游者对东方的筷子乐于试用，他们想来体味一下使用筷子时那种“夹一块掉一块”的乐趣；而日本人则性格内敛，怕出丑，如果不是事先已学会使用刀叉，他们通常还是坚持用筷子。在西方的很多地方，进餐者可以从大菜盘中随意挑出自己喜欢的食物，凡是摆上桌的菜肴，都可以逐一品尝。可是在日本，进餐者一般只能吃自己眼前的几盘菜，把筷子伸到

① 谢贵安，华国梁．旅游文化学 [M]．北京：高等教育出版社，1999．

他人面前夹菜被认为是不礼貌的。西方旅游者多具有主动、热情、不畏艰难的外倾性特点，他们往往喜欢攀岩爬壁、驾船冲浪、空中跳伞或纵身蹦极，以及拳击、赛车等运动项目。

（二）文化旅游的互动性

文化旅游是一种文化交流的过程，涉及不同文化之间的价值观、标准、认知等方面的相互碰撞和融合。文化旅游涉及旅游者和当地社会之间的相互交流，这种交流会影响双方文化系统中的某些要素并使其发生改变。文化旅游的互动性即文化和旅游间的相互影响和互动。文化旅游是一种通过旅游和传播活动，让原本毫不相关、分散或完全隔绝的文化系统得以接触、碰撞和交流的活动。当旅游者前往目的地旅游时，会将他们自己所在地区文化和教育的特点与他们自身固有的文化相结合，并将这种文化传播到旅游目的地，同时，旅游者也会将在旅游活动中体验到的文化信息和氛围传播到居住地的社会文化系统中，以此促进旅游出发地和目的地之间的社会文化交流。在两种文化相互碰撞交融的过程中，旅游者的文化人格会不断地得到完善甚至转变。

文化旅游对旅游者的文化人格以及对旅游出发地的文化系统的影响主要体现在以下四个方面。

第一，文化旅游活动能够增强旅游出发地社会的文化凝聚力。文化旅游让旅游者感受到不同文化间的差异之余，也有助于更深刻地认识自己所属的文化系统，进而增强其自我认同感和归属感。在旅游目的地进行文化交流的旅程中，来自同一文化群体的旅游者通常会发展出一种情感，这种情感常常被称为“故土情结”，它使得来自相同文化背景的旅游者更容易建立紧密的联系，也让人们陷入怀旧与思乡之情。

第二，旅游者通过文化旅游在文化素养方面获得了很大的提升，其认知水平也得到了显著改善。文化旅游能够让旅游者深入体验与自己不同的文化，从而培养全面认知现实世界的能力，增进对现实生活的了解。另外，文化旅游还能够提高旅游者的涵养，激发他们在智力、艺术和文学等方面的创造力。

第三，旅游者能够从旅游中获得身心健康素养的全面提升。旅游者可以前往一个相对轻松、陌生的地方旅行，从而获得身心上的放松，同时也可以更自由地表达和展示个人的特点和个性，这一点在平时的生活中往往无法实现。游览旅游目的地时，旅游者能够摆脱烦恼与纷扰，达到超然物外的状态，有利于身心健康发展。

第四，文化旅游使得旅游者所属的文化系统的精神面貌发生改变。如果一个地区有相当数量的居民外出进行文化旅游，他们带回来的综合信息将使本地区人们的知识、思想甚至观念发生改变。

文化旅游对旅游接待地区文化系统的影响远远大于其对旅游出发地的影响。这是因为旅游接待地区是两种文化交流碰撞现场，这里的人更容易受到两种文化强烈对比的影响。概括起来，文化旅游接待区的变迁和改善主要有以下三个方面。

第一，经济的发展和生活水平的提高。旅游接待地区由于接待大量涌入的旅游者，兴起了旅游产业，促进了经济的发展和当地社会的现代化进程。与此同时，文化旅游所要求的大量表演甚至旅游者入住当地民宿等，为当地居民提供了大量就业机会，增加了现实收入，使人们的生活水平得到切实提高。

第二，社会风尚变迁。旅游接待地居民与旅游者大量接触，使旅游者身上所体现出的文化因素为当地居民所了解甚至接受，如旅游者的衣着穿戴、行为举止、人际交往、金钱观念等都可能为接待区居民所接受和仿效，从而使旅游接待地区的社会风貌发生变化。

第三，文化的拯救和发展。旅游接待地区视为古旧、准备废弃的东西，可能被旅游者奉为珍宝。他们一次次地购买或拜访，使旅游接待地区重新认识这些东西的价值，从而加以拯救和发展，如中国失传了千余年的传统运动项目——马球，由于适应旅游的需要而在西安得以重现。某些传统工艺由于受大工业挤兑而濒于绝迹，旅游使之起死回生，如美国印第安人的珠宝工艺和陶瓷工艺、我国山东潍坊市的木版年画和风筝制作等。

（三）文化旅游的感悟性

与其他类型的旅游相比，文化旅游更能给旅游者带来深刻的体验和感受。为了营造文化旅游所需的美感体验，旅游区需要进行规划和设计，并且组织各种活动，让旅游者在旅游中产生情感共鸣，留下深刻的印象。旅游者的初衷是希望通过体验不同文化之间的交流和融合，提升自己的文化素养和情感修养，并且在旅途中享受到美好的审美体验。旅游者对于旅游区所展示的旅游文化的理解和认知程度对于文化旅游审美效果的实现具有重要意义。为了实现这一目标，旅游区规划人员和旅游者都需要作出努力，旅游区规划人员在设计和建设旅游项目时要努力提高旅游区的文化品位，旅游者也要积极提高自身的文化修养。

旅游区规划人员和接待服务人员需要对旅游活动和旅游项目进行系统、合理的规划和设计，以确保所有的建筑、表演和活动都能够贴合该旅游区的主题，并向旅游者传递良好的文化理念；需要进一步提升导游、演员和服务人员的文化素养水平并加强对他们的培训。首要任务是让本旅游区的员工深刻认识到旅游文化的重要性。通过景区的规划布局、演员的表演特色以及导游和服务人员的言辞语气，旅游者能更深入地了解景区所呈现的文化特色。

如果想从文化旅游中获得更多的知识和审美体验，作为旅游者，就需要拥有更全面的文化知识积累。在我国的古代，人们强调“读万卷书，行万里路”的精神，这一观念很有道理，只有通过深入的了解，才能进行比较，进而形成鉴别能力。对于不同文化的理解，也需要具备类似的鉴别能力。除此之外，在进行旅行前多阅读一些有关旅游区介绍的读物也会有很大的好处。

五、文化旅游的功能

对于文化旅游的功能，我们可以从国家（地区）和旅游者个体两个层面上去研究。

（一）从国家（地区）的层面上看

发展文化旅游有利于树立旅游接待地区的文化形象，提高旅游接待地区的知名度。不同的人群有不同的文化品格，我们平日所说的日本人尚武，法国人浪漫，英国人富有绅士风度，以及唐代人意气风发，宋代人忧郁典雅等，都是不同人群不同文化品格的反映。用人类学的观点来看，每一种文化都有其对于自身，也是对于世界的独立价值。文化旅游正是以古今中外形形色色的人群所体现出来的文化为旅游吸引物来发展旅游业的。旅游接待地区通过文化旅游，宣传和发扬自己的（或先人的）文化品格，树立本地区的文化形象，从而提高了本地区的知名度，加强了与世界各地人民的文化交流。例如，卢森堡仅是一个面积不足 3000 平方千米的小国，然而它利用自己的优势，发展文化旅游，每年接待来自世界各地的大量旅游者，使一隅之地享誉全世界。

文化旅游能够有效增强旅游出发地和旅游目的地两地的文化交流和各自的文化凝聚力，也有利于旅游者对自身文化体系和文化群体产生更强的文化认同感和归属感。旅游接待地区在挖掘和树立地区形象，向旅游者宣传和显现自身文化品格的同时，也教育和感染了本地人们，加深了他们对自身文化的理解与把握，从而增强了其对自身文化的认同感。反过来，旅游者在接触异质文化的过程中，通过心理上自然发生的文化对比，加深了对自身文化特点的理解与把握，从而增强了文化上的自我认同。文化凝聚力就是在群体成员的文化认同的基础上产生的。

发展文化旅游有利于不同文化系统相互融合，使人类文明获得更为健康的发展。文化旅游是两种文化相互接触、碰撞的旅游形式，在旅游过程中，低势能文化的一方必然吸收高势能文化的文化要素，从而改变自己以往的生活模式和思维状态，进而提高本民族的文化素质，如近代中国落后于西方，大量的洋人入华、华人出洋，把西方的高势能文化带进来，加快了中国由前现代社会步入现代社会的进程。不仅如此，高势能文化有时也可以从低势能文化中吸取某些有利的文化因子，丰富和发展自己。两个势能相当的文化系统成员之间的旅游活动，则对两个文化系统都有很大的帮助。

文化旅游是一种展示旅游目的地地域文化的旅游活动，旅游者通过游览旅游区能够加深对异地文化群体和文化系统的认知，从而间接地促进旅游出发地和旅游目的地之间的文化交流。由于旅游接待地区对旅游景区的规划设计以及各项旅游活动安排都是以突出和体现本文化系统的文化特质为原则展开的，所以旅游者在游览的过程中能够有效把握旅游景区所呈现的文化特性，对当地的文化进行深入了解，增强两地人们之间的友谊。

（二）从旅游者个体层面上看

文化旅游具有陶冶旅游者文化人格的功能。个体人格的完善就是真、善、美情操的确立。文化旅游通过旅游主体的外出旅行，能够扩大主体的眼界，使其在对各种社会和文化的比较中，获得对世界真相的可靠认识，进而提高主体的认知能力，培养其追求真理、爱美向善的素质。

1. 文化旅游培养旅游者的求真能力

求知欲是人类的天性，人的感官和心理在身之所处的狭小空间的束缚和刺激下，产生了强烈的外倾态势。这种态势产生的内驱力使人具有与生俱来的拓展精神视野的欲望，追求一种必要的真实感和现实感。古人所说的“读万卷书，行万里路”是个体实现自己求知、求真欲望的两种主要途径。旅游正是“行万里路”的现代版。

文化旅游在培养旅游者“求真”人格中的作用主要表现为以下两点。

（1）文化旅游加深了旅游者对社会历史的认识

社会历史纷纭复杂、变化万端，当人们局处一域、坐井观天时，他们对社会历史的认识是肤浅的；而当人们走出家门，作为一个旅游者去体察周围世界，见识各色人生时，他们对社会历史的认识就会更深一层，而这种深层的体认进一步促进旅游者去了解更多的社会历史风貌，以求得对社会历史本真面目的认识，这样旅游者求真的文化人格就慢慢得以确立。

（2）文化旅游促进了旅游者对社会风情的体验

文化旅游的旅游者是抱着一份对异质文化魅力的向往而走出家门的，旅游对他们来说不仅是一种欣赏美景的活动，更是一种探索知识的体验。旅游者对于其他民族有强烈的好奇心，渴望了解他们的生活习惯和文化环境。通过对旅游目的地的文化进行深入的观察和研究，他们会获得一定的审美感受，并对自身的生活状态进行反思和探究，从而对生活的意义有更高层次的认知，获得对生活本真的认识。

2. 文化旅游培养旅游者的审美能力

当旅游者踏上旅途开始对旅游客体进行游览时，审美思维活动便随之开启并连续运作，由被动感受向生动想象发展，由此产生一系列审美结果，如审美感觉、审美想象及审美情感等。

（1）审美感觉的产生

审美感觉是旅游者审美感官受到客体刺激后产生的直接印象。当旅游客体直接作用于旅游者的感觉器官时，便在人脑中产生了对这些客体个别属性的反应和感受。

（2）审美想象的驰骋

旅游者在旅游活动中常常会产生与眼前的审美对象相关的其他印象或情感，这种现象被称为审美联想。通过联想，旅游者在文化旅游活动中能够更深入地领略审美对象的文化内涵，使审美体验不再停留于表面感受，变得更加丰富和深刻。

（3）审美情感的激发

当旅游者欣赏审美客体时，他们会产生一种主观的情绪体验，这种情绪体验被称为审美情感。这种情感是指旅游者对客体的主观感受和反应。旅游审美情感是一种高层次情感类型，它更注重精神层面的感受，而不仅仅局限于感官上的享受。文化旅游通过旅游项目的合理设计，使旅游者高品位的旅游审美情感得以激发。

旅游者在旅游客体美的感召下，争相游览和进行审美活动，使主体的审美意识得到锻炼和提高。相反的，主体对客体美的审视和欣赏也是由审美意识所促进的。在这个主客互动且永无止境的循环中，旅游者不断提升其审美素质，同时逐渐完善其文化人格。

3. 文化旅游培养旅游者的向善情感

审美、向善和求真是形成一个人完善的文化人格不可缺少的三大要素。

向善情感的培养主要是对个体进行崇高的道德品质的熏陶，文化旅游是旅游者修身养性的绝好途径。文化旅游活动中众多先人的文化遗迹、异族他乡的淳朴民风，容易使旅游者将平素琐屑抛之云外，使灵魂得到净化，道德修养得以提高。

第三节 文化经济与旅游经济

一、文化经济与旅游经济的定义

（一）文化经济的定义

文化经济是利用文化遗产促进相关产业发展、提高其经济价值，从而促进国家经济持续增长的一种发展模式。开发利用文化遗产推动经济发展已经成为国家经济发展的重要方面，成为推动经济发展的关键。开发利用文化遗产是国家积累资金的一条重要渠道。开发和利用各种文化遗产具有特别好的经济效益，能以较少的投资取得巨额的利润。

（二）旅游经济的定义

旅游经济是一种由旅游活动产生的经济联系，其中包括旅游者、旅游企业以及与之相关的企业之间的经济相互作用。旅游者和旅游企业之间构建了经济合作关系，旅游企业提供食宿、交通、景点游览、购物、娱乐等服务，从旅游活动中获取收益。旅游企业需要与其他相关企业或部门建立经济合作关系，以协调旅游者的旅游活动。旅游经济的构成要素由上述经济关系组成，它们也是国家经济体系的一部分。

二、文化经济与旅游经济的关系

（一）旅游经济发展是文化经济发展的基础

实际发展中的旅游业证实了旅游经济和文化经济之间紧密相连、相互促进、缺一不可的紧密关系。良好的旅游经济发展可为中国文化事业和企业奠定牢固基础。曾有一些地区仅着眼于旅游资源的开发，建造单一的旅游基地，忽视了旅游经济和文化的融合。这些地区依靠一些自然景观、纪念品或者人造景观等因素吸引游客，由此产生的结果是当地的旅游业缺乏文化特色，难以建立起具备满足游客多元化需求的旅游景点，因此这些景区的吸引力日益下降，导致游客流失。将旅游业与文化业有机结合，可增强当地旅游景点的文化号召力，为景区的可持续发展提供强有力的文化支持。这样做不仅可以加强游客对旅游景区的认同感，还能够减少该地区旅游产业的发展障碍，从而显著提升旅游经济的发展效果。大明湖是济南著名的旅游景点，其不仅蕴含着深厚的历史文化底蕴，也受到历史文化的深远影响。因此，该景区通过吸引游客前来体验相关文化活动，进而提升景区的价值。可以推论的是，若想在文化领域扩大影响力，必须先努力发展旅游经济并确保其可持续性，由当地企业与政府合作，致力于挖掘旅游文化资源。

（二）文化经济发展促进旅游经济发展

通过研究市场数据可以得出结论，旅游业在推动文化经济发展方面发挥着积极的促进作用。将文化因素融入旅游业，不仅能够赋予旅游资源更丰富的文化内涵，也能让旅游产业更具有文化特色和审美品位。这样一来，传统上单一的旅游资源就会被赋予新的价值和意义。文化经济的繁荣不仅能够为旅游业提供丰富的文化资源，还能为游客带来别具一格的旅行体验，激发其内心的情感共鸣。随着时代的发展，人们不再仅满足于拥有物质财富，而且更加渴求拥有丰富的精神生活。人们更喜爱追求精神内涵更为丰富、文化艺术更为高雅的生活。因此，国家需要采取相应的措施来满足这些需求。在旅游业中，一些具有独特特色的旅游地区和景点不应简单地盲目开发。反之，则应该有规划、可持续地开发独具特色且富含文化内涵的旅游景点，以吸引更多游客来访，这样也可以推动当地经济的全面发展。

第四节　文化旅游与城市经济

一、文化旅游与城市经济协调发展的现实基础

（一）文化旅游与城市经济协调发展的现实困境

目前，随着国家政策性导向和居民多元化需求增加，我国城市文化旅游的发展获得了较好的外部环境，并且已经取得了诸多实践成果，但是由于我国文化旅游的发展时间较短，发展过程中也出现了一些问题，这些问题会给文化旅游和城市经济的可持续发展带来一定的影响。

1. 城市文化旅游创新模式固定化

技术和管理模式的创新能够推动我国城市文化旅游产业的发展。为了应对消费者需求的个性化发展，旅游行业应实施有针对性的市场营销策略，深入探索城市文化的相关元素，并将其纳入旅游业发展中。在我国的城市文化旅游实践中，可以观察到以下两种趋势。第一，尽管文化旅游的形式千变万化，但很多城市仍然把开发遗产资源作为推动城市文化旅游发展的主要途径。这一开发方式依赖于本地资源，游客的不断涌入可能会对当地环境造成破坏。遗产地经济的收入受季节因素影响明显，旅游旺季时经济收入较高，但在淡季时难以保持同样的水平。第二，许多城市已经意识到文化旅游创新的重要性，但是，从目前的实践形式看，大部分城市均以文化演艺项目为城市旅游增加砝码。在近几年，我国各地都兴起了开发文化旅游演艺项目的热潮，昆明、桂林、丽江、西安等均推出了重量级的旅游演艺项目。文化旅游的创新性呈现单一、重复的特征。城市文化旅游产品的结构创新和优势发挥都需要政府的政策支持以及资金支持，支持力度不足就难以发挥城市文化旅游产品的独特优势。

2. 文化旅游产业链条可持续性建设不足

中国城市文化旅游产业的一个显著优势在于其产业链的广泛拓展，这种拓展不仅能够促进该产业的创新性发展，不断推陈出新，而且还能开发出更加多样化的产品来迎合市场上不同的需求；另外，还能促进产业结构的升级和优化，构建更为完善和有机的城市文化旅游产业经济增长体系。目前，城市文化旅游产业链正面临一些可持续发展方面的问题。首先，目前我国的旅游相关产业还没有明确

划分各个产业链的职责和整合方式，也没有确定如何扩大这些产业的规模。城市文化和旅游产业中，上下游企业之间缺乏统一的标准和技术规范，这使得它们难以有效地开展合作，无法充分发挥各自的优势。一些区域性城市在进行文化性投资建设时缺乏长期可行的商业模式规划，导致其吸引力不够，消费市场不充足。尽管一些文物保护单位有着非常珍贵的文化价值和属性，却因缺乏有效的经营推广，不能满足游客对多元化体验的需求，导致游客的感官体验不尽如人意。其次，在我国城市文化旅游业的发展中，过于强调经济效益，忽视了城市文化的完整性、文化的传承性和长期可持续发展的重要性。这些情况逐渐凸显，导致文化的雷同发展等，也使文化遗产的保护面临困难。这些因素对我国城市文化旅游业的可持续发展构成了一定挑战，有可能阻碍旅游服务业健康发展以及制约社会经济效益的提升，因此要对其提起足够的重视。

3. 部分文化旅游区资源优势亟待挖掘

在我国文化旅游发展的现实中，有诸多文化旅游区资源基础较好，但是缺乏开发的视野、开发管理运营的经验，使得旅游发展处于低水平阶段。例如，我国的新疆、青海等地文化旅游资源丰富，但是缺乏高水平开发，使得资源的呈现方式单一、游客回头率低，旅游对于区域经济的贡献较小。但是，很多专家也认为往往开发程度低的地区，其资源保护较好，这也是开发和保护的悖论。以西藏自治区为例，该地区大面积的区域缺乏旅游设施建设，如厕所问题，使得游客面临如厕困难。在这种情况下，就地解决的方式成为大众争论的热点，有的赞成这种原生态的解决方式，但是多数游客认为西藏自治区应该加强基础设施建设，丰富旅游体验形式，开发创新旅游产品，深化文化旅游资源优势的挖掘，进而实现资源优势向经济优势的转化。

4. 文化旅游资源开发不当引发相关问题

当然，文化旅游开发中，还存在一种现象，就是文化旅游资源的开发不当引发的问题。在短期内，可能无法显示开发不当带来的影响，但是长期来看，文化旅游资源的开发不当会破坏资源的原有形象，使得游客满意度降低、游客不断减少，从而影响文化旅游区域的长期经济效益。

（二）文化旅游与城市经济互动发展阶段

文化旅游作为促进城市经济增长的重要组成部分，对城市发展的贡献越来越大。有些城市管理者忽视文化旅游的作用，偏重城市其他产业的发展，对文化旅游资源的利用和开发不到位，导致文化旅游对于城市经济的促进作用没有发挥出来；也有城市管理者发现了文化旅游发展促进城市经济增长的快速性和低成本等优点，过度开发文化旅游资源，使得破坏和掠夺性开发行为大行其道，对于城市的可持续发展构成了威胁。总体来说，我国目前文化旅游与城市经济开发经历了三个发展阶段，在时间维度上，表现为忽视开发、失衡发展，恶性循环、失调发展，良性互动、协调发展。当然，这三个发展阶段，在空间维度上也有并存的现象，比如某些城市开发属于第一阶段，有些城市发展属于第二阶段，而有些城市发展属于第三阶段。

1. 忽视开发、失衡发展阶段

在众多文化旅游城市的发展历程中，尽管坐拥丰厚的文化旅游资源，但部分城市管理者并未给予文化旅游足够重视，而是侧重于其他产业的发展。一些城市尽管拥有众多旅游资源，但城市管理者并未对旅游资源开发给予充分关注，导致其旅游业仅处于初级开发阶段，旅游设施与旅游服务均不尽完善。与此同时，城市管理者过于重视房地产等产业，导致城市产业结构失衡，第三产业占比过低，旅游业对经济发展的贡献较小。

此外，部分城市在文化旅游资源产品开发、线路设计等方面存在方法不当、创新度不足等问题。例如，受产品开发、线路设计、旅游环境、基础设施建设以及旅游从业人员培训和教育方面的影响，游客满意度较低、回头率不高。

2. 恶性循环、失调发展阶段

我国诸多文化旅游城市过度重视旅游开发，城市经济的增长对文化旅游的开发依赖程度较大，城市产业结构单一，使得城市经济比较脆弱，一旦旅游业发展不利，城市经济就会面临不利环境。旅游资源的过度开发和利用带来了旅游环境的破坏，导致旅游资源的可持续利用和发展无法呈现。虽获得了短期的利益，但是城市经济的长期发展无法实现。

3. 良性互动、协调发展阶段

文化旅游与城市经济相互作用的最好状态是良性互动、协调发展。文化旅游对于城市经济的促进作用能凸显的同时，可以兼顾文化旅游的可持续发展，且城市经济的发展建立在产业结构合理的基础上。城市经济发展推动文化旅游的发展，为文化旅游的发展创造良好的外部环境，而文化旅游的发展又能给城市带来吸引力和发展机遇。总之，既不过度开发文化旅游资源，又没有忽视文化旅游的作用，二者之间互相影响达到了良性互动、协调发展的状态。

二、影响文化旅游与城市经济发展的共同因素

（一）国家政策

国家政策对于城市文化旅游与城市经济的发展的作用至关重要，关系到城市发展的定位以及国家支持力度，是否支持或者限制某种产业的发展。我国东、中、西部经济发展差异，以及后来的“中部崛起”“西部大开发”等国家政策均对三大区域的经济发展带来了巨大影响。在不同时期发展战略的引导下，国家经济政策对于区域经济的发展影响巨大，国家通过宏观调控、财税体制改革等杠杆影响着区域经济发展。

国家政策可以表现为制度、政策，或者是宏观调控手段，如价格杠杆、财税制度，宏观调控和市场自治相结合，都是促进经济发展的有力手段。

（二）城市发展战略

城市发展战略是关于城市近期、中期、远期发展的规划，包括城市的各产业、公共服务等方面的发展规划。城市发展战略也决定了城市会把哪种产业作为城市发展的支柱产业。

我国的城市发展战略一般是由地方政府主导，内容主要是关于城市的经济、社会、人文以及城市布局的总体规划，城市发展规划编制的合理性对于城市发展的影响是至关重要的，要求当局者有长远的眼光及可持续发展的理念。

城市发展战略的制定对于城市经济和城市文化旅游的发展起着宏观调控的作用，尤其是对于城市发展格局、城市产业布局等影响较大。同时，城市发展规划中对于文化遗产资源的开发利用和保护政策也影响城市文化旅游的发展。城市开发让道于文物保护，还是文物保护让位于城市开发，均取决于国家和地方政府的发展战略。

（三）城市历史文化基础

城市的历史文化基础，奠定了城市发展主要格局以及城市发展特色塑造的基础。同时，城市的历史文化基础提供了城市的文化旅游资源。文化是城市的灵魂，成都的巴蜀文化造就了吃苦耐劳而又充满灵气的休闲文化；汉唐文化为西安注入了大气中庸的都城文化。历史文化基础还是城市经济发展的基础条件，如都江堰至今对于成都灌溉系统的影响，上海的历史文化基础给上海国际化大都市的形成奠定了基础。

历史是城市的“根”，文化是城市的“魂”。城市的历史文化基础是城市发展

的重要基础，我们现在很多的大中城市在历史上就是重要的城市，如北京是元明清时期的都城，西安在历史上就是有名的国际大都市城市历史文化基础奠定的是城市发展的基础。历史上著名的都城、交通枢纽城市，至今大部分都发展较好，如北京、西安、上海、杭州、成都等。历史文化基础从经济、社会、文化等方面影响着城市的发展。欧洲大多数城市都重视城市历史，在保护、利用城市历史文化的基础上建造现代城市，甚至有些城市的地下水循环系统都是继续沿用古城的。

城市历史文化的传承也是考验城市管理者管理水平的一大标准，而城市管理水平是促进城市经济发展的重要保障。再者，城市的历史文化基础在一定程度上可以说是城市名片。在保护的基础上挖掘和运用历史文化遗产（资源）影响城市发展的水平，如成都市就是挖掘历史文化资源的典范，宽窄巷子、锦里古镇等足以说明。

（四）城市区位条件

区位的选择对于经济活动的发展很重要。对于城市发展来说，区位的意义毋庸置疑。德国经济地理学家克里斯塔勒（Christaller）是旅游中心地理论的倡导者，他认为旅游空间组织的要素，如基础设施、道路交通、自然条件以及经济发展程度等都会影响旅游目的地。旅游区的区位状况在很大程度上直接影响着该地区在宏观区域旅游业发展中的地位和作用，以及时序、水平等。

区位条件对于一个城市发展的影响主要在于生产要素的流动和城市文化的形成。例如，我国香港的地理位置给香港提供了海上便利的交通运输条件，并形成了独特的港口文化。西北内陆地区由于交通不便，所以生产要素的流动不便，这正是西部地区从历史上经济发展缓慢的主要原因。西安由于是西北五省的桥头堡，所以在生产要素流动中起主要的作用，西北五省的文化元素在西安也体现得比较突出。

三、文化旅游与城市经济发展相互作用的模式

纵观我国文化旅游城市的发展道路，文化旅游与城市经济的相互作用的模式可以概括为三种，即文化旅游推动城市经济发展、城市经济推动文化旅游发展以及文化旅游渗透于城市经济发展。

（一）文化旅游推动城市经济发展

这种发展模式的典型特点是城市发展之初旅游业的发展主要起到了带动作

用，旅游业的发展促进了城市相关产业的发展，如交通、住宿、娱乐以及金融等行业。城市经济发展初期，第一、第二产业所占的比重较小，而旅游产业对于城市 GDP 的贡献比较大。随着旅游业的不断发展城市知名度提升，从而带动了城市其他产业投资的注入；旅游产业的发展带来了城市基础设施和公共服务建设的加速推进和医疗卫生状况的不断改善。再加上旅游经济的兴旺发展创造了更多的就业机会。在城市发展阶段，旅游业的快速发展能够推动城市基础设施和服务水平不断提高，同时也能够为城市经济的持续增长注入活力。

（二）城市经济推动文化旅游发展

许多中国城市采用了城市经济与文化旅游相互促进的发展模式。这种模式通过充分利用城市的文化底蕴和旅游资源吸引更多游客前来旅游观光，进而推动城市经济的发展和文化旅游产业的繁荣。城市经济的不断发展也会反过来促进城市旅游业的发展，从而使城市经济和文化旅游实现协同发展。就拿深圳来说，原本是一个小渔村，国家改革开放的政策实行加上地理位置等优势，深圳快速发展为我国经济大市，随后在经济迅速发展的基础上文化创意产业快速发展。深圳市快速成长为全国的创意文化中心，世界之窗、欢乐谷、华侨城等项目的开发，将深圳打造成了同时享有“设计之都”“钢琴之城”“创客之城”等美誉的国际化大都市。

（三）文化旅游渗透于城市经济发展

文化旅游渗透于城市经济发展的模式是指文化旅游与城市经济发展同步前进。在发展过程中旅游业对城市 GDP（国内生产总值）的贡献与其他产业的贡献相当，除了旅游业，城市经济的繁荣发展也依赖于其他产业的发展。一个城市的文化旅游资源开发水平应该与其经济实力相匹配。文化旅游的发展时期也是城市经济快速发展的阶段。城市经济和文化旅游是息息相关的，二者相互支持、相辅相成。城市经济的繁荣与旅游业的发展息息相关，因此二者应协调发展。同时，城市所拥有的文化旅游资源应该与旅游业的发展水平相适应。

第二章　文化旅游开发和管理的概念

本章为文化旅游开发和管理的概念，主要介绍了四个方面的内容，依次是文化旅游开发的概念、文化旅游开发战略、文化旅游管理的概念、文化旅游管理的价值和策略。

第一节　文化旅游开发的概念

“开发”这个词最早在经济学中是开垦、耕种土地的意思。随着现代工业革命的兴起，动植物、水资源、煤炭、石油等自然资源都能得到开发以创造更多财富。开发指的就是通过社会劳动将资源转化为产业的过程。

文化旅游开发是一项综合性的社会经济活动和技术活动，开发文化旅游资源可以形成文化和旅游产业，与其他产业的开发过程相似。

也有学者指出，文化旅游开发是指为提高文化旅游资源对旅游者的吸引力，使得潜在的文化旅游资源优势转化为现实的经济优势，并使文化旅游活动得以实现的技术经济活动。

文化旅游开发有多种类型与模式，从资源利用层级和相应产品层次来看，有浅度开发和深度开发之分。前者是指利用旅游资源表层部分开发初级产品，与粗放开发相近，通常意味着资源闲置率高、产品业态单一、缺乏文化内涵、游客体验度低。深度开发则是经营管理主体顺应市场需求，对旅游资源这一原材料进行体验型、内涵式、综合性的开发利用，充分实现其观赏、游憩、使用价值，深入挖掘展示其历史、文化、科学、艺术内涵，培育产品矩阵，延长产业链条，增强吸引力，提高附加值，将文化资源优势转化为经济优势和发展优势。通俗而言，文化旅游资源深度开发就是经营管理人员深思熟虑、阐幽显微、精雕细琢、极情尽致，让资源的各类价值能够转化为相应的观光、休闲度假与特种专项旅游产品，让体验活动、服务项目、要素业态能够淋漓尽致地体现旅游资源的文化主题、精神内蕴与科学价值。

第二节 文化旅游开发战略

一、文化旅游形象战略

在旅游产业的发展中，旅游形象扮演着至关重要的角色，它概括和提炼了旅游目的地独特的自然、文化及旅游资源。旅游形象因个体而异，没有标准的定义，但好的旅游形象能够贴切地体现旅游目的地的特点和魅力。通过社会相关研究能够得出结论，若要塑造优秀的旅游形象，需具有四个显著特点。一是要让旅游形象更具准确性，必须确保其能够准确反映当地的旅游资源和特色；二是要做到协调，也就是使旅游形象与上级行政区旅游形象相互配合，形成相互支持的旅游形象体系；三是要做到流畅，旅游形象的表述语句应该流畅自然、易于口述；四是要实现创新，勇于挑战常规、敢于尝试新颖的表达方式。

在文化旅游开发中，要优先考虑打造独特的文化旅游形象，而要实现这一目标的关键和难点在于准确定位，重点是对文化旅游形象进行设计和推广。根据“地—文—史—人”四脉合一的理念，采取“文脉支撑，市场驱动”的形象战略，重新构建与推广文化旅游形象，以一个能唤起市场共鸣和具有高识别度的全新文化旅游形象提升文化旅游品质。

（一）文化旅游形象定位

1. 定位原则

文化旅游形象定位需要坚持六个原则。

（1）整体性原则

文化旅游形象设计中，整体性原则指出各个元素的形象应当与总体形象设计相一致且相互协调，从而创造出完整的文化旅游形象，让旅游者对其产生深刻的体验感知。规划文化旅游定位、设计和开发策略时，不能简单地对各个功能进行组合和堆叠，而是应该思考如何提炼出一个系统性的方案，全面考虑文化旅游的方方面面，以确保其与整个地区的文化旅游形象保持一致。

（2）独特性原则

文化旅游形象设计的目的在于展示旅游目的地的特色，凸显其独特的自然环境、历史背景、社会经济现状和文化底蕴。不同的地域有各自的特点，应该通过文化旅游形象设计将其准确、生动地表现出来，让旅游者更容易识别和理解。作为一种差异化策略，文化旅游形象设计需要彰显旅游目的地独特的风情，凸显其特质和个性，以便与其他竞争对手进行区分并被旅游者所认同。若文化旅游形象不能呈现特色和优势，无法体现出“人无我有，人有我特，人特我新”[①]的形象，那么它将无法更好地吸引旅游者，使旅游者对其留下模糊、平淡的印象，不利于旅游区的经济效益的提升。

（3）动态性原则

文化旅游形象是会随着时间的流逝而不断发生变化的。因此，在进行旅游形象设计时，应跟随时代发展步伐，反映旅游目的地的发展历程，并为未来旅游目的地的形象拓展预留空间。保证文化旅游形象与当前文化旅游业的趋势相符，同时能够持续满足旅游者审美观念发展和文化素养提升的需求。随着社会的不断发展和进步，人们对旅游景点的喜爱倾向也在逐渐变化。为了在旅游行业领域的竞争中获得优势，旅游目的地的文化旅游形象应具备稳定性，同时也需要充满活力且具备可持续发展的潜力。

（4）观念领先原则

定位思想要超前，要有争做、敢做“天下第一”的思想和创新的胆识与勇气，努力形成“先入为主”与“既成事实”效应。

（5）市场导向原则

市场导向原则是企业在市场经济条件下进行生产和经营活动的指导方针。注意对文化旅游市场进行调查研究，对市场形成感召力。

（6）层次性原则

层次性原则指出，系统的各个层次既有共同的运动规律，也有各自不同的运动规律。因此，必须进一步细分、细化旅游市场，形成旅游市场群体。

2. 定位口号设计

“爱旅游、爱生活”是中国旅游日的主题口号，旅游已经成为人们日常生活的重要组成部分。旅游的最终意义在于愉悦身心、追求快乐，快乐是旅游的最高境界。

---

① 傅军军，师永强，侯娜．现代旅游管理理论与实践[M]．长春：吉林人民出版社，2021．

（二）文化旅游形象推广

根据文化旅游形象定位，在进行人—地感知形象（视觉形象、听觉形象以及其他触觉形象）与人—人感知形象（服务行为形象、社会行为形象）设计后，可采取多种方式进行推广。

1．媒体传播

在旅游形象传播中，媒体传播是一个重要的手段，通过它来展现一个地区的形象是当前国内外旅游业普遍采用的方式。电视媒体表现出来的直观性和实时传播的特征，使得它成为最为有力的形象广告宣传工具。可以通过制作一段简洁美观的旅游宣传视频，并在国内或全球电视媒体上播放，以此吸引更多游客的关注，增进游客对文化旅游的了解，并增强其好感度，激发他们前来游览的兴趣。在文化旅游宣传方面，我们应根据不同媒体的特性，恰当地利用它们的优点，以实现在城市旅游宣传方面取得最优的效果。例如，报纸的可储存特性使其成为详细介绍各地景点及其服务特色的理想媒介，可以利用图文结合的方式来突出旅游目的地的独特之处；利用网络所具有的游客访问方便、传播范围广、宣传成本较低、无时间限制、内容丰富等优点，可以加强城市形象在网络上的传播。知名旅游网站都能够加强对文化旅游的宣传。随着时代的进步，网络的普及率和影响力不断扩大。当前，网络已经成为旅游形象宣传方面应用最为广泛和最具影响力的手段之一。因此，在网络上进行宣传尤为关键。可以通过建立城市旅游网站，并在网站上提供以三维动画为主的游览介绍，让游客在游览前就能够领略景点的魅力。

2．旅游纪念品传播

城市旅游形象可以通过销售旅游产品来推广和传播，要设计并推出适应城市旅游特色的旅游产品，如与城市文化密切相关的纪念品等。游客在观赏景点时一般喜欢购买纪念品，这些承载着旅游目的地文化特色的纪念品可以让游客回想起他们在城市游览时的所见所闻，高质量的纪念品也有助于提升城市在旅游领域的声誉。纪念品需要传达当地的特色文化，体现地方特有的元素，同时避免陈旧俗套的设计。当前，城市旅游中纪念品的文化内涵仍需加强。依据游客的消费心理，无论是小型商品还是大型商品，只要产品的质量好且价格公道都能获得消费者的青睐，能够在各个社会层面有效地宣传文化旅游形象。因此，在传播旅游形象的过程中，重要的是关注旅游纪念品，这是一种特殊的形象媒介，虽小却能产生巨大的影响。可以采用制作有独特历史色彩的代表人物玩偶和传统手工艺品，以此来推广城市旅游形象，并同时满足旅游者购买纪念品的需求。

3. 配套宣传品传播

宣传旅游形象可以通过多种媒介进行，如电影、广播、杂志、书籍和宣传册等。此外，这些传播媒介还能使潜在的旅游者对旅游目的地产生更加深入的认识，从而激发其参与旅游活动的兴趣。在这些传播媒介中，旅游宣传册是为了精准地满足旅游者的信息需求而设计的，而其他传播方式则是通过潜移默化的方式使旅游者对旅游目的地留下深刻印象。因此，开展旅游形象塑造和传播工作的相关部门要充分把握所有能够宣传旅游形象的机会，保持敏锐的感知能力，在旅游项目的开发与设计过程中也要将文化旅游形象融入其中，使旅游区的形象得到及早体现。

4. 专题活动传播

专题活动包括专业宣传和相关公关策略，旨在为旅游交流博览会提供全面支持。为了扩大城市旅游的影响范围，我们采用多种专题活动的方式，这些活动包括名人演讲、文化体育竞赛、新闻发布会、纪念周年等。专题活动的最大优势在于宣传方不用支付广告媒体费用，但仍能吸引媒体的关注并产生理想的对外宣传效果，是花费少、效果好的宣传方式。一般来说，公关活动的目标主要包括以下四个方面：传递信息、建立联系、促进态度转变和推动行动。我们可以利用公共关系活动来实现特定目标，如促进消费环境的改善、应对品牌形象的危机等。

5. 大型节事活动传播

节事活动能够有效地传播城市旅游形象，在打造和推广城市旅游形象方面扮演着重要角色。通过举办节日活动，可以吸引媒体的关注和传播，显著地增强旅游目的地的吸引力，进而迅速提升旅游目的地的知名度，使人们对旅游目的地产生深刻的印象。当前越来越多的地区开始以节事活动为核心推动旅游业的发展，这已成为振兴该地区旅游经济的关键手段。尽管节事活动只是暂时举办的且较为短暂的活动，但是它能够围绕某一主题整合高质量的产品、服务、娱乐、背景和人力等多方面的资源，增加旅游目的地的吸引力。旅游者可以在盛大的庆典活动中，领略到旅游目的地最为新颖、卓越的一面。

二、文化旅游品牌战略

文化旅游开发还必须采取“优化结构，挖掘内涵”的品牌战略，依托文化旅游资源，顺应当前旅游发展由观光旅游向滞留性观光和休闲度假旅游转变的趋势，以客源群体的旅游需求为导向，选择重大龙头项目，尝试开发文化旅游，大力培育文化旅游品牌。具体思路和措施如下。

（一）文化旅游品牌结构优化

1．品位结构优化

从品位层次结构看，文化旅游品牌主要由绝品、精品、名品、主品（主题产品）、新品等五大类构成。其中旅游绝品指具有垄断性、独一无二的旅游产品；旅游精品主要指能反映目的地旅游文化主题、特色鲜明和市场前景广阔的旅游产品；旅游名品指的是具有很高知名度的旅游产品；旅游主品是指一个国家或区域内具有极大市场“卖点”和市场竞争力的主题旅游产品，它决定、影响和凸显该旅游目的地的整体形象；旅游新品则指极具开发潜力的新型文化旅游产品，具有观赏性、生态性、高科技性和时代性，能提升传统优势产品竞争力，延长其生命周期。

2．空间结构优化

文化旅游空间结构优化要使文化旅游服从、服务于文化旅游发展的整体布局。突出重点、强化整合、集中打造，对文化旅游产业空间进行全方位的优化，以改善文化旅游产业在地域上的分布情况。一是以建设我国最受欢迎的文化休闲旅游区为目标，创建一个集成化的城市旅游圈。二是建设沿海旅游区。要致力于在滨海大道上积极挖掘海洋、海岛和海滨资源，并努力研发相关海上旅游产品，建设国家北方海岸和东北亚一流的海滨休闲度假带。三是文化旅游带。整合西安、洛阳、邯郸等地的历史、民族、宗教、民俗等丰富的文化资源，开发特色文化旅游产品，培育世界级的文化旅游休闲带。

3．时间结构优化

时间结构优化主要解决文化旅游“淡旺季”之间的矛盾。可采取措施打造多样化旅游产品，推出多元化旅游线路，激发本地居民旅游需求，同时打造淡季旅游产品以延长旅游生命链条。例如，冬季可开展温泉养生游、滑雪游、民俗庙会游等旅游项目，把当地的文化特色融入旅游活动中，丰富旅游者的旅游体验。农业观光园区可优化花卉和植被的类别，做到四季常青、鲜花常开、春光常在、活动常新，吸引旅游者前来休闲观光。

4．类别结构优化

随着旅游产业支柱产业地位的确立，应依据消费者的年龄、职业、兴趣爱好等差异而开发不同的旅游产品，摆脱同质化产品恶性价格竞争的单一发展模式，结合资源优势和具体目标市场需求，有计划地增加品牌数量，开发与创新清文化、红色文化、民俗文化，开发各种专题文化旅游类型，如休闲文化旅游、体育文化旅游、生态文化旅游、民俗文化旅游、文化旅游等，逐步建立合理的旅游产品结构，在自然观光和文化旅游产品整合的基础上，提高旅游者身心愉悦度，促进产品转型升级。同时，要在结构优化中整合产品形式。以红色文化的旅游开发为例，它虽然本质是一种革命文化、缅怀文化、战争文化和军事文化，形成于第二次国内革命战争、抗日战争、解放战争中，记载着中国共产党和各族人民不畏艰险、辉煌的革命历程，英勇牺牲的革命事迹和坚定的革命奋斗精神，但要适应旅游市场必须突破传统旅游市场的局限，开发组合类产品。对策之一是使“红色（革命文化）”“绿色（生态文化）”“古色（历史文化）”“彩色（民俗风情）”“时尚（自驾车之类）”“质朴（乡村旅游）”等旅游相组合，避免红色旅游产品单一化的缺陷。可将红色旅游资源与丰富的自然资源相结合，也就是红、绿结合。

（二）开发系列文化旅游品牌

开发文化旅游品牌的过程，是在充分挖掘文化旅游资源的基础上进行的。要通过生产、经营和管理文化旅游产品实现经济上的收益，对文化旅游项目和旅游活动进行设计与安排，就要进行充分的市场调研，确定其当前的市场定位，吸引不同类型和阶层的文化旅游消费者。

1．品牌资源

旅游目的地的文化性越鲜明，主题越突出，就越具有特色。文化旅游资源虽然丰富，却不可能都开发为世界级、国家级的旅游产品，需要构造鲜明特色的文化旅游框架，今后应重点培育与打造清文化、红色文化、民族民俗文化、工业文化等具有比较优势的文化资源。

2．品牌景区

旅游景区是以文化旅游及其相关活动为主要功能的空间。品牌景区包括品牌文化风景区、品牌寺庙旅游区、品牌旅游度假区、品牌文化保护区、品牌主题公园等各类旅游区（点）。

3．品牌城市

创建中国最具有发展潜力的品牌城市、最有活力的品牌城市、最具特色的品牌城市、优秀历史文化名城和优秀文化旅游城市等是当前首要任务。

4．品牌企业

大力实施名牌企业战略，开展企业品牌建设，改革资产运营模式和内部管理机制，参与国际竞争，打造名牌企业，积聚力量创建品牌饭店、品牌旅行社、品牌宾馆等“明星型”品牌企业群，争取树立令人称道的“文化旅游企业形象”。

5．品牌导游

通过竞赛和选拔，产生王牌导游、金牌导游、十佳导游、知名导游、导游新秀等，既可以在全国产生影响，也可以提高导游素质；在民族文化旅游区，重点培养通晓多国语言、熟练应用现代信息技术和能讲经说法的高素质导游。

6．品牌线路

首先是着力开发、完善和创新清文化游（走近历史，感受传承）、绿色休闲游（步入自然，身心和谐）、红色文化游（追思先烈，振兴中华）、丝路文化游（诗情画意，自然闲适）、宗教文化游（体验神圣，远离世俗）、民族风情游（多彩民风，美美与共）、产业文化游（如工业遗产游）等精品文化旅游线路。其次要注意开发短途游、城市人乡村体验游、农村人城市探亲与参观游线路等。

7．品牌节庆

一是为了提升各地节庆旅游的影响力，需要加大宣传力度，并定期发布新闻广告，及时公布与节庆旅游活动有关的信息，以引导更多人关注旅游区的节庆旅游活动。二是要强调展示的吸引力、参与的互动性和知识的传递性。观赏性的旅游项目在旅游吸引力方面的层次相对较低，缺乏深度。为了提高观赏性旅游活动的吸引力，应该加强节庆文化旅游活动的互动性，让旅游者更加积极地参与其中。在不同的季节组织旅游者观看不同的歌舞、体育竞技等节目，让旅游者产生游览和参与兴趣。三是根据各地自然地理背景、历史文化传统和经济发展水平，精心策划民族节庆活动，积极挖掘和彰显具有民族情操的节庆文化内容，策划自然景观型、历史文化型、民俗风情型、物产餐饮型、运动休闲型、娱乐游憩型和综合型主题节庆活动。四是提升品质。各地要依据“减少数量、增加精品”的原则，加强品牌节庆的国际化程度，多推出具有较大国际、国内影响的文化旅游节庆活动，如中国国际装备制造业博览会、中国东北商品交易会、大连国际汽车展览会、中国（大连）国际服装纺织品博览会等。五是要注意使节庆品牌具有生命力，不能频繁变换花样和主题。西班牙斗牛节长盛不衰的一个根本原因就是在长达400多年的发展历程中保持演出空间和时间不变。

8. 品牌商品

今后的开发可从文化性、特色性、纪念性、收藏性、可馈赠性、便携性、审美性等方面入手，打造多层次、多品种文化旅游商品，使旅游者购买文化旅游纪念品以后能够赠送亲朋好友，弘扬和传播旅游文化，使旅游文化在时空范围内得到延伸。

（三）挖掘品牌文化内涵

若想展现旅游资源的吸引力和价值，旅游资源开发者必须先对其文化内涵有所了解。根据属性的不同，旅游资源可以被划分为两类：自然旅游资源和人文旅游资源。自然风光、植物和动物具有自然的美感，但一旦作为旅游资源，变成供人观赏的对象，就会被文化所改变，成为“受到人类文化影响的自然”。人文旅游资源可以被归入文化的范畴，因为它是人类在不同时期的活动和活动的成果。人类物质文明和精神文化产物是人类文化的历史积淀和直接呈现方式。一些文化遗产如古代遗址、建筑风格、文化信仰的艺术呈现、文学作品、当地民俗等保持原有传统文化特色的忠实性，对于旅游资源文化内涵的生命力维持而言，具有至关重要的作用。

确定文化主题是深入挖掘品牌旅游文化内涵的首要任务，需要对旅游文化进行细致的文化主题定位。旅游文化内涵涵盖自然、人文、地理、物质等多个方面。要想突出旅游文化所蕴含的历史、艺术价值，必须深入研究和分析其文化主旨，突出其文化特色和主要元素。

从文化系列看也是如此，如乡村文化旅游品牌开发应使旅游者切实体味农家之乐、农业之苦、农民之趣、农村之福；工业遗产文化旅游要挖掘中国几代产业工人齐心协力、无私奉献的工人精神；红色文化旅游品牌开发应使旅游者感受坚定无畏、独立自主、乐观向上、求实创新的红色精神。

要深入了解旅游文化内涵，重点在于将开发与旅游文化相结合，以提供与品牌文化核心价值相关的体验。旅游品牌文化内涵丰富多彩，需要深入探究才能真正理解并领悟。因此，凸显旅游品牌的文化特色需要以明确的方式来表达，在媒介上展示旅游品牌文化内涵，从而有效展示旅游文化。可在已有载体的基础上集中专家、学者和管理人员策划新的重点项目，提升和创新原有项目，以精品项目支撑品牌战略，塑造味觉感知载体、触觉感知载体、嗅觉感知载体、视觉感知载体、听觉感知载体，通过美食、服装、雕塑、交通、建筑、礼仪、表演以及庆典等，让旅游者亲身感受文化的独特魅力，并深入了解不同地方的文化内涵。这种方式能够有效提高文化旅游品牌的价值，让旅游者在参与旅游活动的同时获得更深入、更丰富的体验。

三、文化旅游与区域经济协同发展战略

根据区域经济状况、产业特色和协作关系坚持统筹协调。要致力于通过规划引导和协调各相关部门，以重点旅游区域为核心，以高质量的旅游路线为主，积极优化旅游产业的布局。为了促进旅游业的整体进步，应消除行政和区域地理位置等方面的限制，并汇集全国各地的旅游资源，将注意力集中到旅游路线、景点和区域的有效整合上，加强不同行业、地区和部门之间的合作，建立统一的旅游市场，引导旅游一体化发展。

（一）文化旅游推动区域经济发展

首先，经济增长是旅游带给区域经济最直观的效益。旅游者通过旅游支出和消费，可以提升当地的旅游收入，增加当地人的就业机会。同时，发展旅游业也可以促进相关产业发展，如酒店业、餐饮业、交通业等，进一步推动地方经济增长。需要注意的是，一些地区的旅游产品千篇一律、毫无特色，而文化旅游以文化资源为基础，能够赋予旅游产业文化价值，提升旅游产品的附加值。发展文化旅游可以通过提供独具特色的文化产品和服务，激发旅游者的消费潜力，从而刺激消费，更有力地提高旅游产业的经济效益。如开展以文化为主题的旅游活动、文化演出、文化展览等，可以让旅游者获得更深刻的文化体验和感受。

其次，发展文化旅游还能够优化产业结构。文化旅游能够以服务业为支撑，将农业、工业与服务业深度融合。例如，农业旅游的具体形式包括农家乐、农产品采摘、农耕体验等，可以将农业资源、田园景观与文化元素结合，吸引旅游者亲近自然、体验农业文化，在发展旅游业的同时带动农业经济增长。同时，文化旅游创造了新的产业机会，通过开发和利用各地独特的文化资源，涌现出了文化创意、文化表演、文化产品等新的产业形态，为区域发展提供了新的机遇。综上可知，发展文化旅游可以充分发挥区域文化优势，促使区域经济发展方式向环保

型、集约型转变，促进区域产业转型升级。

最后，发展文化旅游可以提高地区知名度。各个地区都有独特的文化遗产、传统艺术、民俗风情，可以利用这些独特的文化资源与其他地区进行差异化竞争，打造具有区域特色的旅游名片，从而吸引更多旅游者，提高知名度。同时，随着区域文化旅游的不断发展，相关部门可以结合市场需求打造品牌形象，从而在竞争激烈的旅游市场中脱颖而出。例如，广西凭借独树一帜的民俗文化而闻名，形成了以桂林风景区为核心的享誉世界的文化旅游产业，吸引了大量旅游者。良好的品牌形象还能形成强大的聚集效应，使各种旅游相关产业在区域内相互依存、共同发展，从而促进旅游业发展，提升地区的知名度和美誉度。

（二）区域经济推动文化旅游发展

文化旅游可以推动区域经济发展，反过来，区域经济的增长也能促进文化旅游的发展。

第一，区域经济增长可以加强对本地文化资源的保护和利用。随着区域经济的增长，本地文化资源可以成为重要的旅游吸引物和经济增长点。挖掘和保护这些资源，可以丰富旅游产品的内容和形式，给旅游者提供独特的旅游体验，促进文化旅游发展，获得更好的经济效益。

第二，区域经济的增长能够刺激旅游需求的增加。随着区域经济的增长，人们的收入水平和消费能力也相应提高。消费能力的提升使得更多人有能力进行旅游消费，尤其是对文化旅游产品消费需求的带动作用更为显著。文化旅游业可以依托区域经济的增长，开发更多能够满足游客消费需求的产品和服务，从而扩大文化旅游市场。

第三，区域经济的增长可以促进文化旅游产业的发展与创新。一方面，经济的发展通常伴随着基础设施的完善，如新建或优化交通运输、酒店、景区等设施，可以提升文化旅游的基础设施水平，创造更好的旅游条件，吸引更多的旅游者，推动文化旅游发展。另一方面，经济增长也给文化旅游带来了更多的投资，使得更多旅游专业人才愿意留下，从而促进文化旅游产业发展。除了人才因素，高水平的经济还可以推动人工智能、5G 等高新技术进入文化旅游产业，提高旅游经营效率和监管水平，助力文化旅游产业创新发展。

四、传统文化保护战略

文化旅游资源开发不仅能带来巨大的经济利益，而且能促进文化繁荣和民族传统文化复兴，但随着部分开发者对经济利益的盲目追逐，传统文化商业化、庸俗化，原有的文化内涵处于浅表开发状态，传统文化价值取向弱化，文化生态遭到破坏，文化旅游资源的原生性减弱、文化艺术品惨遭毁坏的现象也有发生，使旅游发展与文化传承相悖。因此，文化旅游资源开发需要采取保护优先，注重传承的传统文化发展战略。

（一）加大宣传力度，增强文化自觉意识

文化自觉概念由费孝通先生提出，指的是生活在一定文化空间中的人应该对文化有自知之明，必须深刻认识和理解本民族、本地区和国家的文化，确保文化的发展和延续。针对目前民族文化意识有待增强的现状，有学者主张借鉴此理论对公民进行文化教育，通过国内外旅游展览会、文化研究会、大众媒体和互联网等多种宣传方式，加深公众对传统文化的了解，唤起全民保护意识。

（二）完善民族文化保护的法律体系

国家应制定相关法律法规，将文化规划、开发、经营等行为进行规范管理；出台相关法规，构建文化保护制度体系；建立奖惩制度，打击侵权行为和破坏行为，奖励为文化传承、文化交流做出突出贡献的个人、群体和组织。

（三）列入保护名录

通过列入各级保护名录（如世界自然和文化遗产名录、非物质文化遗产保护名录、国家级与省级重点文物保护单位名录）的方式加强对文化遗产的保护。

（四）确定文化保护对象

解决好保护人还是保护物，保护文化本身还是保护文化生态的问题，也就是处理好要去保护什么的问题。

1. 保护传统文化艺人

保护传统文化过程中老艺人显得格外重要，老艺人的去世就意味着艺术可能消失。因此，保护好老艺人也就保护了民族文化。政府必须给予资金和政策方面的支持，对有特殊贡献的文化艺术传承人要提供工资、补贴，使其能够开校办学、招收徒弟、传授技艺。

2. 保护文化实体

文化实体包括具有文化价值的物品，如文物、传统生产生活用具，特别是那

些民间工艺品和某些具有民族特色的器物。我们可以保存那些在现代和未来生活中已经过时且没有实用价值的传统生活工具和器物，让它们焕发新的生命力，将它们打造成一种旅游特色，吸引更多游客前来参观和体验。

3. 保护现实中鲜活的文化，尤其是风俗习惯等

我们要大力保护那些与时代文化发展方向相符的、蕴含着深厚民族文化内涵并且濒临消失的文化；对一些落后习俗要努力使其实现现代化转型，不必通过法律手段强制其更改。

4. 保护文化生态空间

“文化生态”最早由美国人类学家斯图尔德（Steward）于 1953 年提出，后发展成为“文化生态学”。旅游人类学中使用的文化生态概念就是由它演化而来的，主张整个人类文化是一个生态大系统，由价值观念、社会制度、自然环境等共同组成，因此文化的保护就是保护文化生态整体和文化空间整体。

5. 保护居民切身利益

在旅游开发中提高当地居民的经济收入，提升人们的生活质量。

（五）采取和完善实体保护模式

1. 数据库保护模式

按照“保护为主、抢救第一、合理利用、传承发展”的思路，以“政府主导、社会参与、统筹规划、分步实施”为原则，组织相关人才队伍开展大规模、细致性的田野调查，对“文化标本”通过数据库模式进行保护。

2. 文化遗产博物馆等模式

我们可以模仿贵州镇远的镇远博物馆、黄平民族博物馆、兴义的贵州民俗婚俗博物馆，分门别类地收集、记录特色服饰、手工制品、宗教器物和生产生活用具等，并将它们保存于当地博物馆、风情园、民族村和主题公园中。

3. 文化生态博物馆模式

文化生态博物馆是民族文化旅游和生态博物馆旅游的结合，是自然环境、人文环境、文化遗产三者在其原产地由居民进行自发保护与开发利用的旅游保护模式，最大优点在于它植根于民族传统文化，又与现代文明相对接，能够与时俱进，在现代文明中焕发生机。其发展的关键在于科学规划、保护为主、体现特色、适当收费，实现文化资源开发与保护相结合，努力提升居民生活质量。

第三节　文化旅游管理的概念

一、文化旅游管理的基本概念

文化旅游管理是指对旅游行业的文化资源进行规划、保护、开发和管理，推动地方经济发展的一种管理活动。它关注的是旅游目的地的文化资源，包括历史遗迹、艺术表演、民族传统等，通过对这些文化资源的合理规划和开发，实现旅游业的可持续发展。文化旅游管理的核心是将文化与旅游有机地结合，通过挖掘和保护地方的文化资源，打造具有独特魅力的旅游目的地，提供丰富多样的旅游产品和服务。

文化旅游管理是一项综合性的工作，需要全面考虑文化、旅游、市场等多个方面的因素。通过挖掘和保护地方的文化资源，优化旅游产品，提高旅游服务的质量，加强市场推广和宣传，打造具有独特魅力的旅游目的地来推动地方经济的发展。

文化旅游管理就是，围绕游客在旅游目的地的文化体验活动展开的一系列对旅游目的地文化形象塑造、文化吸引力提升、文化规划与建设、游客文化管理和文化旅游管理人才培养的活动的综合体。

二、文化旅游管理的内涵

文化旅游管理的内涵主要包括文化旅游资源的开发和整合、文化旅游产品的设计和创新、文化旅游市场的开发和推广、文化旅游企业的管理和运营等。文化旅游资源的开发和整合是指对具有旅游潜力的文化资源进行挖掘和整合，提高文化旅游资源利用的效率和效益。文化旅游产品的设计和创新是指通过对文化旅游需求的研究和分析，创造出符合市场需求且有竞争力的文化旅游产品以满足不同消费者的需求。文化旅游市场的开发和推广是指通过市场调研和营销策划，把文化旅游产品向潜在目标市场进行推广和销售。文化旅游企业的管理和运营是指对文化旅游企业进行组织、控制和管理，以实现旅游企业的发展目标。

第四节　文化旅游管理的价值和策略

一、文化旅游管理活动的价值

文化旅游管理同国民经济各个部门的管理一样，贯穿于文化旅游业发展的全过程，具有一定的活动范畴。具体来说，文化旅游管理包括文化旅游企业经营活动的管理，如提供文化旅游产品和服务的过程；文化旅游行业组织活动的管理，如文化旅游饭店协会等；确立文化旅游管理目标、建立文化旅游信息系统、制订文化旅游发展计划和进行文化旅游监督等；文化旅游人力资源管理活动、文化旅游资源管理活动等；文化旅游安全管理活动、文化旅游市场管理活动等。其中，文化旅游管理者有必要分析管理活动所处的环境、文化旅游资源状况、游客的文化需求、目的地社区居民的文化背景，制定合适的旅游发展策略和服务方针。

二、我国文化旅游管理策略

文化旅游资源是对旅游者形成文化吸引，为旅游者在文化旅游的过程中所使用和消费的各类要素。旅游目的地应努力发展一系列“文化硬件”，如建筑物的文化符号语言及审美的同一性，要创建一种在地区得到承认的建筑物的符号语言，并提高其文化表现力，以强化旅游者的视觉感受。文化旅游资源的合理开发，可以更好地提升文化价值并带来良好的市场效应，是科学的管理行为。

（一）文化旅游产品增值策略

可以从旅游规划的视角，重视经济增值的渠道、开发利用文化旅游资源，并配套相应的投资鼓励政策以实现旅游产品的文化增值。深挖地域特色的文化元素，刺激文化的消费欲望，促进购买实现。例如，针对新疆和西藏两地的文化产业政策制定，应该注重挖掘当地具有独特地域特色的物质和非物质文化资源，这样能够吸引更多国内外游客，提升当地文化产业的发展水平。地方政府还需提供相关旅游接待服务、文化服务，并制定吸引企业投资的优惠政策。目前我国边疆旅游产业主要以观光和购物为主，产业结构相对单一且不够现代化。打造独特的边境旅游特色，需要充分发掘和利用当地的特色文化资源。在靠近西藏和新疆的边境地区，有些历史名胜古迹和景观，如托林寺、东嘎石窟壁画、古格王国遗址等，这些景点独具地方特色，同时也具有不可忽视的历史价值。在过去，很多内地的文人会前往西域旅行，并且留下了许多关于新疆等地与内地不同之处的文学记录，如《哈喇沙尔》和《阻风行》等就生动展现了戈壁、通天河和哈密地区的雪山美景。这些文学作品蕴含着作者强烈的爱国之情，表达了作者对祖国广袤边疆的珍视和赞美。对于那些生活在内陆拥挤城市的游客来说，这些作品是非常具有吸引力的旅游宣传素材。地方政府要根据当地文化资源的特点，制订具有针对性的计划来推动旅游业的发展，包括探险活动、拍摄影视作品、举办演出等创意文化活动。

（二）文化旅游产业设计与服务升级策略

可以从产业规划设计与服务升级的视角，调整文化旅游产业结构和服务内容，提高文化旅游资源的使用效率、提高服务水平。如在旅游业综合效益持续保持较低状态、技术进步不明显时，可以考虑创意产业文化要素的有机融入，通过促进价值增值从而推动升级。创意旅游强调对各类资源的多维化整合，通过创意将有形和无形的旅游资源转化为资本经营，加快旅游产业结构优化和经济发展，促进旅游产业的现代化发展。要对当地的文化旅游资源进行有效的开发和利用，如对于旅游区的古城遗址等，可将一些社会生活元素、历史文化故事或物质载体融入其中，赋予其更加丰富的文化内涵。如河南省要依托“古、河、花、拳、根”等丰富多彩的旅游资源，搞好创意性主题设计，应着重围绕以下主题整合资源，开发利用产品。

旅游服务是指旅游景区、饭店、旅行社工作人员通过各种设施和手段以热情好客的表现形式，为旅客提供能够满足其生理和心理需求的过程。旅游服务还应包括旅游目的地政府为改善旅游环境、吸引游客所进行的旅游公共设施建设。文化旅游景区是以人文资源为对象开展旅游活动的景区，包括历史遗迹类、建筑类、民族艺术类、民俗类、宗教类、休闲文化体验类景区。这些景区以文化景观为观赏对象或以休闲娱乐为消费内容，其目的在于使游客获得深刻的景观文化认知或休闲文化体验。文化旅游景区与自然风景区相比，需要有文化内涵更丰富的服务。例如，从旅游景区门票着手，在门票设计中融入文化元素，且要与景区特色协调，还要体现景区及地域的文化精髓。又如，景区的讲解员应从多方面提升自身的文化素质和讲解水平，争取成为文化型讲解员。旅游景区餐饮服务是指针对游客在参观游览过程中的餐饮需求而提供的服务。餐饮服务是景区服务的重要组成部分，餐饮服务的质量和风格在很大程度上反映了景区经营的总体质量和风格，可从宴会餐饮文化、地方小吃文化、餐厅环境文化和餐厅服务文化等角度提高服务水平。

（三）社区与游客文化旅游管理策略

从促进文化旅游目的地社区的文化和谐、使社区文化与旅游产业实现整体协调发展的角度来更好地利用文化旅游资源。旅游业的发展与旅游目的地社区居民密切相关。旅游目的地居民之间、旅游目的地管理部门与居民之间、居民与游客之间的文化关系，直接影响旅游目的地的发展。对于民族村寨，可以利用寨老在当地村民中的社会地位，结合村规民约和民族传统文化促进社区接受游客来寨参观；同时还要尊重当地居民的民俗，了解他们的文化忌讳，协调好旅游经营者、社区居民与游客三方的关系。

第三章　特色文化旅游目的地的开发与管理

本章为特色文化旅游目的地的开发与管理，分别介绍了三个方面的内容，依次是历史遗迹类旅游目的地的开发与管理、主题公园类旅游目的地的开发与管理、文化艺术类旅游目的地的开发与管理。

第一节　历史遗迹类旅游目的地的开发与管理

一、历史遗迹类旅游目的地

（一）历史遗迹的概念

历史遗迹是指人类活动的遗址、遗迹、遗物及遗风等，属于历史文物范畴。它们和文字一样，是民族、国家历史的记录者。与文字记载不同的是，它们以实物形态，形象、直观地反映了各个时代的政治、经济、文化、科技、建筑、艺术、风俗等的特点和水平，从不同侧面保留着各个时代的历史信息。

历史遗迹是一个民族、国家历史的记录，是人类在不同历史时期所创造的实物遗迹。它们记录了人类的历史，展示了人类的智慧，同时也反映了特定历史时期的文化特点，具有十分重要的历史价值，是重要的旅游资源。一些历史遗迹由于年代久远而保存状况不佳，需要专家学者进行深入研究和分析，因此给人留下一种神秘的印象。当代旅游者的普遍心态是求知、求新与求乐，他们中的许多人希望追溯历史和回首往事，而历史遗迹形象地记录着人类的历史，最能引发人们对往事的思绪，满足人们怀古忆旧的心理。

除了可以为旅游者提供教育、美学、体验等功能，历史遗迹还有利于营造差异化的旅游与休闲文化环境，构筑文化势差，增强旅游动力。作为区域文脉的构成要素，历史遗迹是区域旅游形象与品牌塑造的重要基础。历史遗迹还是游览项目、旅游商品策划的重要素材，无数的旅游吸引物都是历史遗迹的恢复与再现，相当比重的旅游纪念品的创意灵感也都来自各种类型的历史遗迹。

（二）历史遗迹类旅游资源的特征

同其他类型的旅游资源相比，作为人类在历史长河中遗留下来的各类生产与生活痕迹，历史遗迹类旅游资源具有如下特征：时间上的久远性、形式上的多样性、形态上的残缺性、价值上的多元性。

1. 时间上的久远性

从时间维度来看，除了近代革命遗迹外，其他类型的历史遗迹类旅游资源都形成于距离目前较为久远的历史时期，早期人类活动遗址甚至可以上溯到 170 万年前。历史遗迹能够反映出特定历史时期社会经济文化状况，且具有不可再生的特征。历史遗迹古老的、悠远的神韵形成怀旧氛围，造就了它独特的吸引力。

2. 形式上的多样性

历史遗迹是一个综合性概念，历史遗迹类旅游资源也因此具有形式上的多样性。除了早期人类活动遗址、古城遗址、战场遗址、交通遗迹、近代革命遗址，在人类历史上还形成许多其他文化遗址，如古建筑遗址、古代水利工程遗址、古代桥梁遗址、古代天文观象台遗址等，它们都属于历史遗迹类旅游资源。

3. 形态上的残缺性

由于时间久远，经过长时间的风吹、雨淋、日晒和自然灾害的影响，加之战争、火灾、偷盗等人为因素的破坏，历史遗迹类旅游资源在形态上表现出不同程度的残缺性，部分历史景观甚至已经不复存在。例如，世界七大奇迹中，除了埃及胡夫金字塔，奥林匹亚宙斯神像、阿尔忒弥斯神庙、摩索拉斯陵墓、亚历山大灯塔、巴比伦空中花园、罗德岛太阳神巨像都已被毁。这种残缺性使历史遗迹具有沧桑美，容易使人产生心理上的触动。

4. 价值上的多元性

历史遗迹不但具有历史价值和文化价值，而且具有科学价值和艺术价值，另外还具有观赏、游憩等方面的价值。它不仅是研究特定历史时期社会经济状况的实物资料，而且能反映出那一时期科技、艺术发展的水平，具有美学观赏和休闲游憩功能。由于其不可再生性，历史遗迹类旅游资源的价值是很难估量的。

（三）历史遗迹类旅游目的地的主要类型

历史遗迹类旅游目的地范围非常广泛，主要包括早期人类活动遗址、古城遗址、古代战场遗址、古代交通遗迹、名人活动遗迹、近代革命遗迹等。

1. 早期人类活动遗址

人类活动遗址是指史前人类聚居、活动的场所。按照史前时期的界限划分，主要包括旧石器时代遗址、新石器时代遗址以及青铜时代遗址。

（1）旧石器时代遗址

旧石器时代是人类物质文化发展的一个阶段，以人们使用打制石器为主要特征。三分法是旧石器时代的一种常用划分方式，其大体上将旧石器时代分为早期、中期和晚期三个阶段，其中，旧石器早期大致对应着人类的能人和直立人阶段，中期大致对应人类的早期智人阶段，晚期大致对应着人类的晚期智人阶段。

经过半个多世纪的考古工作，我国已经发现了许多旧石器时代的遗址。

①蓝田人遗址。1963 年 9 月发现，位于蓝田县城西北约 10 千米处。1964 年 5 月发现，位于蓝田县东 15 千米处。

②大荔人遗址。1978 年发现，位于大荔县西北解放村。

③梁山遗址。20 世纪 80 年代初发现，位于汉中地区南郑区汉水南岸，地质时代属中更新世，即旧石器时代中期。

④长武遗址。1972 年发现，位于陕西长武县城关镇窑头沟及鸭儿沟。

⑤韩城遗址。1973 年发现，位于韩城县城东北的黄河禹门口西侧。

（2）新石器时代遗址

新石器时代是指以使用磨制石器为标志的人类物质文化发展阶段，属于石器时代的后期。大约从 1.8 万年前开始，结束时间从距今 5000 多年至 2000 多年不等。

①老官台遗址。1955 年发现，位于华县县城西南，渭河支流西沙河东岸。

②李家村遗址。位于西乡县城西 1.5 千米的李家村附近，发现房址、陶窑、墓葬。

③白家遗址。1956 年发现，位于今临潼区渭河北岸的油槐乡白家村。遗址面积 120000 平方米，掘出灰坑 35 个，房址 2 座，墓葬 17 座，出土大量的陶器、骨器、石器。

④北刘遗址。1958 年发现，在临渭区（原渭南县）南约 16 千米的河西乡北刘村西南清水河和稠水河交汇处的二级台地上，属新石器时代。

⑤半坡遗址。位于今西安市浐河东岸的半坡村北，属新石器时代仰韶文化的聚落遗址，总面积约5万平方米。

（3）青铜时代遗址

从公元前21世纪到公元前5世纪这段时间，中国处于青铜时代，同夏、商、西周的历史时期相对应。自中国进入青铜时代以来，经过了多个历史发展阶段，大致可以分为初期、中期和后期三个时期。

初期，以河南偃师二里头遗址为代表，在公元前2080至公元前1580年间，还有山东岳石文化遗址、夏家店下层文化遗址、黄河上游的四坝文化遗址等，都相继出现了品类繁杂的青铜制品。

中期对应的是从商代到西周前期的时期，其代表性文化遗址是郑州二里岗遗址，此外还有安阳殷墟、周原遗址和丰镐遗址等。在此阶段，奴隶制社会得到了显著的发展，青铜器的制作工艺水平得到了显著提升，礼器常成套出现。同时，贝壳成为该时期的通用货币。

在中国奴隶制社会的衰落阶段，即从西周后期到春秋时期这一段时期对应的是青铜时代的晚期。此时各个列国都在快速发展政治、经济和文化，并且普遍接受使用金属货币作为交易媒介。在铸造领域，分铸法和失蜡法等先进的铸造工艺技术取得了显著进展，进一步促进了青铜铸造技术的发展。湖北铜绿山古铜矿遗址为该时期的代表性遗址。

2．古城遗址

历史演变，城市屡兴屡毁，古城遗址众多，虽然有些被千年风雨埋没为废墟，但其历史的辉煌并未消失，甚至可成为旅游热点。如希腊的雅典卫城，建于公元前8世纪，帕特农神庙的巨柱屹立三千年而仍不失其雄伟。柬埔寨的吴哥古城虽埋没于丛林莽野之中，但其宫殿城垣、吴哥窟等古遗迹仍被视为建筑珍品，备受旅游者关注。

中国作为文明古国，遗存有自商周以来历朝历代的古城池遗址，著名的有殷商都城殷墟遗址、周朝都城丰镐遗址、汉长安城遗址、齐国都城临淄遗址、洛阳汉魏古城遗址、西藏古格王国遗址，尤其在西北丝绸古道上古城遗址较多，如武威黑水国城堡遗址、敦煌沙州城遗址以及新疆高昌古城、交河故城、楼兰古城等。楼兰遗址地处罗布泊西岸，是丝绸古道必经之地，后来被流沙所湮没，城墙残存，城中有佛塔、住宅、古水道等遗迹，出土大量文物，被誉为“沙漠中的庞贝”，对研究中西交通和文化交流极有价值。

3. 古代战场遗址

古战场遗址以及相关的历史战役、历史事件、历史人物和历史传说具有很丰富的文化内涵，可以吸引旅游者缅怀历史，抒发怀古之情，如比利时滑铁卢古战场、法国马其诺防线、三国赤壁之战遗址等。世界各国对保护战场遗址都十分重视，美国还专门将国家战场遗址列为国家公园体系的重要组成部分。

我国历史悠久，在特定的历史阶段朝代更替频繁，烽烟四起，留下了丰富的战场遗址。陕西岐山五丈原曾是三国时期诸葛亮驻兵攻魏之地，原高120余米，前临渭水后依棋盘山，东接石头河西有麦里河，形势险要，可攻可守，原北端建有武侯祠，嵌有岳飞手书的《出师表》石碣40方。

4. 古代交通遗迹

古代人们为交通联系方便而开凿道路，又由于自然或社会原因而放弃，形成了古代交通遗迹。遍布世界各地的古交通线遗址、交通设施、交通工程是社会特定发展阶段的历史见证，也是极为宝贵的人文旅游资源。

我国历史悠久，交通遗迹众多。丝绸之路一直是中国与中亚、南亚、西亚、欧洲等地交往的重要通道。中国的丝绸、瓷器、四大发明等均经此路传到西方，西瓜、葡萄以及宗教文化等通过丝绸之路传到中国。现在，丝绸之路旅游线对国内外旅游者有较强的吸引力。沿古道而行，可以赏绿洲、戈壁、沙漠、雪峰奇景，可以寻古探幽，可以领略古长城、古烽燧、古佛寺、古石窟的风采。同丝绸之路一样，茶马古道在中华民族发展史上曾经发挥着重要的作用。近年来蓬勃兴起的滇川藏旅游业又唤起人们对这条古老文化、文明传播通道的记忆。这种跨区域的古代交通遗迹还有褒斜古道、蜀身毒道（包括灵关道、五尺道、博南古道、永昌道）、海上丝绸之路等。除此之外，桥梁、驿站、关隘遗址也是重要的旅游吸引物。

5. 名人活动遗迹

在人类历史上有出类拔萃者用自己的智慧和品质影响着世界，世界也因为他们走过而变得神奇。由于历史的沧桑变化，众多年代久远的历史名人故居已无迹可寻，或无法考证，或面目全非。国内外目前保存较好的多为近代时期的历史名人故居，如欧洲文化启蒙运动以来的历史名人故居、中国1840年鸦片战争以来的历史名人故居和他们的活动遗址。

意大利的比萨斜塔无时不在吸引着各国的旅游者，这不仅因为其倾斜的塔身是人类建筑史上的奇迹，而且还因为伟大的科学家伽利略在这座塔上用实验证明了自由落体定律。白帝城并没有多少特别的地方，但因三国时白帝托孤的史实及李白的《早发白帝城》和杜甫的《咏怀古迹五首》而闻名遐迩。

6.近代革命遗迹

自鸦片战争起，中国一直在抵抗外部侵略、推翻封建统治、争取民族自主和解放的斗争中坚持不懈地努力，这是一个展现坚定不移的奋斗精神和充满不惧牺牲的爱国之情的革命历程。为了让人们缅怀这段祖先英勇斗争的历史，继承和弘扬他们的爱国精神，我们建立了纪念馆并创建革命遗址来保护革命历史遗址。

该类旅游资源按照时代可以划分为以下六种：

①旧民主主义革命时期的纪念地，如广西桂平县金田村金田起义旧址、广东虎门炮台、广东三元里抗英团遗址等。

②辛亥革命纪念地，如武昌起义军政府旧址、南京孙中山大总统办公旧址、云南陆军讲武堂旧址。

③北伐战争纪念地，如广东肇庆叶挺独立团团部旧址、武汉汀泗桥战役旧址等。

④土地革命纪念地，如南昌八一起义总指挥部旧址、井冈山革命根据地旧址等。

⑤抗日战争纪念地，如平型关战役遗址、卢沟桥抗日战争纪念馆、重庆八路军办事处旧址等。

⑥解放战争纪念地，如辽宁锦州辽沈战役纪念馆、重庆中美合作所集中营旧址、南京梅园新村及雨花台烈士墓园等。

二、历史遗址类旅游目的地开发与保护

（一）历史遗址类旅游目的地的开发

历史遗址一直是我国旅游业不可或缺的旅游资源，这些旅游景点不仅是国外游客深入了解中国文化的重要方式之一，也是国内游客最初选定旅行目的地的主要驱动力之一。目前，历史文化遗址旅游遇到的主要挑战是传统的观光游览方式与现代旅游强调互动和参与的需求不相符。随着越来越多的人转向自然生态旅游，历史遗址景区在吸引游客方面失去了优势。旅游产品文化展示效果不佳，游客停留时间短，重返率较低；旅游产品较为陈旧，没有紧跟时代步伐，缺乏创新和市场竞争力；旅游活动和旅游项目的设计和开发缺乏有效的组织和管理，缺乏创新

性，未能充分挖掘当地文化资源的潜在内涵。在开发历史遗址旅游资源时，需要关注以下四个方面：突出重点，做好旅游开发的筛选工作；挖掘内涵，做好历史文化的展示工作；精心设计，做好旅游方式的策划工作；不断创新，做好原有景区的二次开发工作。

（二）历史遗址类旅游目的地的保护

要满足当前可持续发展的需求和文物保护要求，必须加强历史遗址的保护措施。

1. 历史遗址的保护

保护历史遗址的首要任务就是积极维护这些文物和痕迹的完整性及其原有状态。在开发旅游资源的过程中，必须对旅游活动可能产生的影响与潜在风险进行深入分析，并采取相应措施保护景区，避免游客对旅游资源造成破坏，如禁止游客触摸、踩踏、攀爬、拍照等。

2. 遗址环境的保护

为了保护历史遗址的完整性和原始状态，应设立遗址保护区并控制其范围，使周边环境保持自然状态。还有一点需要重视，就是要保护历史景观的特色和环境氛围，以此来维护其传统价值和历史风貌。

3. 出土文物的保护

可以通过创建专门的主题博物馆等方式来保护历史遗址出土的可移动文物，防止其丢失、受损、被盗或风化等，并为旅游文化形象展示提供新的方向。

（三）遗址的修复重建

在旅游开发过程中，一些地区可能会对遗址进行人工修复和重建以此来美化景区形象，但在没有可靠的历史或考古学证据的情况下不可盲目进行修复，在不得已的情况下必须进行修复则要谨慎行事。对于列为文物保护单位的历史遗址，应着重进行修缮工作，要强调保护性修缮，而不是进行盲目的重建工作。

三、历史遗迹类旅游目的地典型案例研究

（一）吉安井冈山风景区

井冈山景区（见图 3−1−1）集革命人文景观与自然风光于一体，共有景点 60 多个，景观 320 多处，主要包括峰峦、山石、气象、瀑布、温泉、溶洞、珍稀

动植物及高山田园风光八大类。井冈山保存完好的革命旧址遗迹100多处，其中有26处被列为全国重点文物保护单位，被誉为“中华人民共和国的奠基石”和“中国革命的摇篮”，是中国共产党永远的精神家园。井冈山是国家首批5A级风景旅游区、首批国家级重点风景名胜区、全国文明风景旅游区、中国旅游胜地四十佳之一。井冈山荣获“2019年度全省旅游产业发展先进县（市、区）”“2019年度全省优秀旅游景区”等称号。井冈山景区是我国红色旅游的典型代表，是以“湘赣闽红色旅游区”为中心的12个重点红色旅游区之一，是全国重点红色旅游、红色旅游经典景区、全国百家爱国主义教育示范基地、全国十佳优秀社会教育基地、全国首批全国青少年革命传统教育十佳基地、全国优秀社会教育基地。井冈山管理局还曾被评为“全国爱国拥军模范单位”。

图3-1-1　井冈山

井冈山是我国景区红色旅游与乡村旅游联合发展的标杆。2020年，根据《井冈山全域旅游发展总体规划（2020—2030）》（修订版），要求井冈山风景区的经济发展与全域旅游示范区的要求相结合，引导井冈山风景区正确的全域旅游发展方向，维护好国家全域旅游示范区的品牌。井冈山景区的旅游发展以地理区位、资源底色、乡土文化为优势，提出发展井冈山风景区红色旅游的主体功能定位，激发周边旅游市场，盘活旅游资源的价值转化。井冈山所在龙市镇大仓村深入挖掘大仓“袁毛会见”红色文化，采取高端旅游民宿等措施，打造出井冈山红色文化教育中心、美丽乡村的精品示范点和全域旅游的新景点。井冈山市投资3000余万元，建设了九栋精品木屋，改造了三栋民房民宿，用以发展民宿。景区推出农民图书室、茶吧、咖啡屋等“慢生活”业态，引进工厂扶贫车间、主题餐厅、特色小吃、旅游电商等企业盘活乡村旅游资源。同时，景区借助红色旅游带动农家乐、文化演艺、旅游纪念品、土特产等相关产业的发展。景区创新乡村旅游示范带建设，培育乡村旅游新业态，挖掘民宿、农家乐文化内涵，打造井冈山景区特有的精品民宿和农家乐示范点。定期组织导游员、旅行社及红色培训机构管理人员开展培训，提高景区旅游管理水平。

井冈山景区是我国景区服务标准化建设的典范。2014 年，井冈山成为国家级旅游服务标准化试点项目。2018 年，井冈山成功被列为国家级服务业标准化示范项目。为推进井冈山旅游业的高标准、规范化发展，景区以“标准化”建设为目标，标准化也因此成为景区管理和发展的重要手段。井冈山景区围绕“精品展示、实践验证、宣传培训、创新研究”全面实施、精心组织、创新创造了旅游服务标准化工作流程。景区建立了一套科学成熟、规范有效、覆盖完整、富有特色的旅游服务标准化体系。井冈山景区建立了北山革命烈士陵园，同时设立了游客服务中心，给游客提供星级讲解、景区观光客运、门票售验票等一批标准化服务。旅游示范项目成果丰硕、特色鲜明、亮点突出。井冈山景区积极推进旅游标准化，景区连续六年在全省 40 个重点景区中游客满意度调查位列第一，形成主客共享的良好氛围。制定了《江西省井冈山风景名胜区条例》《关于加快井冈山旅游饭店业发展的实施意见》《井冈山农家乐管理办法》等条例，坚持以优化旅游行业管理为宗旨，全面提升井冈山旅游品质。启动了旅游服务业标准化创建工作，建立和完善旅游标准化体系，推进了农家乐旅游示范点建设，构建了乡村旅游标识系统，定期推行“红色经典讲解提升计划”，使景区管理和旅游服务水平取得质的飞跃。景区在旅游服务品质上开展特色服务，采用情景再现的方式，让红色旅游资源“活”起来，最大限度地满足游客需求，实现无障碍旅游。

井冈山景区是我国红色旅游产业联动，带动地方经济发展的典范。通过区域资源整合，推动景区资源共享，提升景区旅游产业辐射和带动能力，推进大井冈旅游经济圈与赣西湘东大旅游圈建设，实现井冈山与周边区域联动发展的路径。井冈山景区按照“构建井冈山旅游新空间、激活区域经济发展新引擎、打造城镇化新标杆、树立红色文化传承新典范”[①] 的总体思路，形成融旅游集散、休憩度假、康体养生、乡村旅游、运动培训等功能于一体，以山水田园小镇为核心的旅游综

① 石培华，黄萍，翟燕霞，等．旅游景区发展的中国模式[M]．北京：中国旅游出版社，2021．

合体。以井冈山精神为核心、“红色 +”为特色的旅游产品链条，开发了一批融教育性、文化性、知识性、娱乐性、体验性于一体的红色旅游产品。突出打造三大旅游产业聚集区：以农业观光、休闲度假、农家乐为主的葛蒲、罗浮、文水旅游产业聚集区；以红色体验、农家乐为支撑的茅坪旅游产业聚集区；以客家民俗为主，以体育旅游、山地自行车赛道为特色的黄坳旅游产业聚集区。形成三大旅游产业链条：以特色农业为核心，发展农耕文化、绿色农产品生产、特色乡村美食等多元休闲农业项目，打造井冈山休闲农业产业链；以景区生态度假为核心，整合精品营地、精品酒店、康体运动等山地休闲项目，构建井冈山生态度假产业链；以研学旅游为核心，形成遗址参观、文化体验、乡俗体验等相结合的文化体验产业链。

井冈山是我国依托全域旅游规划，开发多维度扶贫之路的典范。自井冈山实施全域旅游规划以来，当地居民纷纷参与旅游业开发，使得旅游带来的红利日趋凸显。井冈山推进以茨坪为中心，罗浮、梨坪、黄坳、拿山厦坪、茅坪、龙市六个区域为辐射的“1+6”特色旅游小镇建设，通过丰富井冈山旅游产品体系，积极探索旅游与乡村、文化、农业、扶贫、体育等产业深度融合，创建以旅游产业为主导的多产业、多业态联动发展的全域旅游发展模式。井冈山充分利用独有的红、绿资源优势，推进“旅游 +”致富产业，使景区从红色旅游扶贫向红色旅游富民模式迈进，发挥红色资源聚集效应，创出一条以红色旅游为主体的多维扶贫之路。

（二）北京八达岭长城景区

八达岭长城（图 3–1–2）位于北京市延庆区军都山关沟古道北口，是中国古代伟大的防御工程万里长城的重要组成部分，是明长城的一个隘口，为居庸关的重要前哨，古称“居庸之险不在关而在八达岭”。八达岭景区是以八达岭长城为主，兴建了八达岭饭店和中国长城博物馆等功能齐全的现代化旅游服务设施。1961 年 3 月，“万里长城——八达岭”被确定为第一批国家级文物保护单位。1961 年，国务院确定八达岭关城和城墙为全国重点文物保护单位。1982 年被列为国家重点风景名胜区。1987 年被联合国教科文组织列入《世界文化遗产名录》。2007 年 5 月 8 日，八达岭长城经国家旅游局正式批准为国家 5A 级旅游景区。此外，八达岭长城是接待中外游人最多的长城景区；是接待世界各国元首、政府首脑最多的长城景区；是举办中外文化交流活动最多的长城景区；是中国万里长城最杰出的代表。2020 年，八达岭长城入选国家文物局发布的第一批国家级长城重点段名单。

图 3–1–2　八达岭长城

八达岭长城是长城保护和发展的典范，是推动新时代文物和文化资源保护传承利用的范例。八达岭长城严格按照保护为主、抢救第一、合理利用、加强管理的方针努力做好文物保护工作，也取得了显著的成就。

第一，全力加大长城保护的力度和广度。党和政府高度重视长城的保护工作。国务院、北京市政府、延庆县政府先后出台了《长城保护条例》《北京市长城保护管理办法》《延庆县长城保护行动纲要》《八达岭—十三陵风景名胜区控制性详细规划》《八达岭长城景区文物保护规划》《八达岭长城文化旅游产业集聚区总体发展规划》等，极大地增强了对长城保护的意识和力度；投入大量的资金用于长城的文物保护、基础设施建设和环境整治；各界学者和专家不断地对长城保护建言献策；持续推进开放段的保护工作，加大对未开放段的抢险和加固工作；加强对周边长城遗址的政治保护；淡化商业氛围，保持原有的历史文化内涵；激发周边居民保护长城的意识，探索长城保护的新模式。

第二，八达岭长城创新修缮手段和方式。首次使用与本体及两侧景观一致的避雷仿真树作为避雷接闪装置，对未开放地段实施避雷工程，保存不够完整的七处敌楼旁全部使用仿真树做避雷接闪装置，不仅美化了长城景观，同时也保护了八达岭长城未开放的敌楼完整性。针对非开放区，长城修复讲究修旧如旧。

第三，注重法律法规的制定，加大对文物的保护力度和游客不当行为的惩罚力度。八达岭长城风景名胜区发布《八达岭长城景区关于对破坏文物等不文明旅游行为加大惩戒力度的提示》，延庆区八达岭特区办事处出台了《八达岭长城景区破坏文物行为惩戒办法》（以下称《办法》），破坏文物者将终身不得“登长城做好汉”。《办法》明确了七类破坏文物的违法行为：在长城主体上设置摊点、通信设备；组织游览未批准为参观游览场所长城；攀登未批准为参观游览场所长城；刻画、涂污或者以其他方式故意损坏长城；非法移动、拆除、污损、破坏长城保护标志；在长城上架梯、挖坑、竖杆、堆积垃圾；其他危及长城安全的行为等。

第四，在注重保护的同时合理利用。注重特色文化活动的设计与打造，充分利用长城点段的特色资源。比如，在 2020 年 8 月举办北京长城文化节，开展“长城 + 民宿”“长城 + 红色”“长城 + 徒步”“长城 + 非遗”等 5 个板块 22 类活动，活动类型涵盖学术交流、展览展示、文艺创作、公众参与等多个方面，较为典型的是创新推出了八达岭长城夜游长城模式。

八达岭长城是长城数字化管理和保护的范例。八达岭长城的数字化建设已成为提高景区现代化科学管理水平、加强文物保护、促进旅游发展的有效手段。一方面，注重景区的数字化建设。1997 年八达岭长城在全国旅游景区中率先建立了视频监控系统和报警呼救系统，确保了长城旅游的安全。2002 年又对视频监控系统进行了全面升级改造，覆盖面大幅度提高，先进的管理技术手段在文物和风景资源的保护中得到了充分的运用。为了实现对八达岭长城文物保护的远程监控，景区建立了全球定位系统（GPS）。2008 年，进一步完善了景区数字化视频监控系统，即增加监控面积，实现文物视频监控、有线广播、紧急救助、触摸咨询数字一体化的一线服务管理功能集合。景区在停车场、步行街等游客集散区均新增监控点，实现全景区数字监控覆盖。另外，注重数字化保护长城。比如，延庆区域内的 179.2 千米长城全部数字化呈现，通过三维激光扫描、无人机巡查等方式建立数字档案。利用无人机遥感巡查和物联网监测技术，对长城上的病害因素、变化情况等进行监测。

第二节　主题公园类旅游目的地的开发与管理

一、主题公园类旅游目的地

（一）主题公园的概念

主题公园是指以营利为目的兴建的，占地、投资达到一定规模，实行封闭管理，具有一个或多个特定文化旅游主题，为游客有偿提供休闲体验、文化娱乐产品或服务的园区。主要包括以大型游乐设施为主体的游乐园，大型微缩景观公园，以及提供情景模拟、环境体验为主要内容的各类影视城、动漫城等园区。政府建设的各类公益性的城镇公园、动植物园等不属于主题公园。

（二）主题公园竞争格局及特点

1．主题公园的竞争格局

根据主题公园的投入资金多少，我国主题公园的发展形成不同竞争格局，主要划分成三个梯队：第一梯队以投资规模极高的主题公园为代表，如北京环球影城和上海迪士尼；第二梯队以本土化大型单一的主题公园为代表，如长隆欢乐世界、太湖龙之梦等；第三梯队以全国复制的特色主题公园为代表，如宋城演艺公园、欢乐谷器械游乐园、华强方特文化科技乐园、海昌海洋公园等。随着主题公园行业竞争的日益激烈，我国主题公园的传统运营方式已经不能满足旅游者的需求，逐步转向以园区运营发展为依托，集休闲娱乐、文化创意、影视传媒等一体的泛产业整合发展模式。

2．主题公园的特点

根据旅游需求和旅游供给两方面来分析，我国主题公园的发展存在以下特点。

一方面，从主题公园旅游需求角度来分析，我国主题公园发展具备的特征有以下三点：一是高人口密度是我国主题公园发展的需求根基。我国人口众多，幅员辽阔，各地区间人口疏密不均，一线城市人口最为密集，是主题公园在一、二线城市得以发展的基础保障。二是主题公园的需求受季节影响较小，这是主题公园发展的独特优势。三是受益于周边游、亲子游的需求增长。随着我国高铁等交通工具的不断升级、合理的带薪假期制度、旅游信息的易获性带动了周边地区游需求的扩张，推动了主题公园需求的上升。同时受二孩政策影响，中国亲子游、家庭旅游市场持续向好发展，也增加了对主题公园的需求。

另一方面，从主题公园的供给角度来分析，我国主题公园的发展具备以下特点：一是我国旅游休闲度假需求扩大，主题公园供给整体不足。近年来，随着我国国民收入水平的不断提高，休闲度假需求保持增长态势。旅游供给与需求间存在巨大缺口，为我国主题公园的旅游市场开发储备了充足的客源资源。二是我国主题公园发展面临内外竞争的压力。对内存在华侨城等集团企业巨头的压力，对外存在外资品牌抢占资源和市场的压力。三是一线城市旅游市场趋于饱和，二、三线城市迎来大发展时期。目前，我国主题公园主要分布在一线经济发达地区，如北京、珠三角和长三角等地。万达、华谊兄弟和世贸等开始将主题公园的选址瞄准了二线城市，原因在于二线城市在土地及运营经费方面成本较低，我国主题公园布局正逐步向二线城市渗透。

（三）主题公园类型划分

当前我国主题公园主要集中在以广州、深圳为主体的珠江三角洲，以上海、苏州和无锡为代表的长江三角洲，环渤海地区以及长沙、武汉、成都、重庆等中西部地区城市。按照我国主题公园体验类型和用途功能的不同，可将主题公园分为以下类型：

1.按照体验类型分类

①游乐型主题公园。

②情景模拟型主题公园。

③观光型主题公园。

④主题型主题公园。

⑥风情体验型主题公园。

2.按照用途功能分类

①微缩景观类主题公园。

②影视城类主题公园。

③活动参与类主题公园。

④艺术表演类主题公园。

⑤科幻探险类主题公园。

二、主题公园类旅游目的地的开发与管理

主题公园在文化旅游业发展中的地位和作用是不可低估的。作为一种休闲娱

乐形态的旅游目的地，其旅游开发凝结了人们的劳动和智慧，对旅游产业发展具有开拓创新的价值。近年来，主题公园越来越突出文化主题和项目创新，旅游投资领域不断融入生态、科技等相关产业，旅游投资项目类型越来越宽泛，主题公园发展从传统娱乐模式转向多元化、综合休闲化模式。

主题公园类景区多以人工创造物为特色，具有资源依托型景区不可比拟的优势。主题类旅游景区的开发是旅游业态创新发展的需要，能够打破中国目前旅游景区发展面临的产品同质化、雷同等瓶颈。主题公园类旅游景区的开发能充分体现中国人民的文化创新能力和水平。

结合国内主题公园当前发展现状，可以从主题公园的业务模式、商业模式和开发模式来分析主题公园的发展模式。第一，主题公园业务模式。迪士尼形成了"影视娱乐＋主题公园＋衍生品销售"的完整产业链。华侨城提出"文化＋旅游＋城镇化"以及"旅游＋互联网＋金融"的业务模式。长隆集团以动物主题公园为核心形成主题公园集群，并带动酒店等业态。宋城演艺则以演艺为核心、主题公园为载体；在运营模式方面，主要有"旅游＋地产"模式、"知识产权（IP）＋综合性业务"模式等。第二，主题公园商业模式。鲜明的特色和独特的形象是主题公园发展的命脉；主题公园具备解释和传递文化的特殊功能，能够与经济、社会、环境等高度融合，具备趣味性、娱乐性和参与性；其日常建设运营维护等成本较高。经过几年的发展，从商业模式角度而言，中国的主题公园逐渐形成了四种经典的模式，分别是：华侨城模式，旅游与地产叠加互动；宋城模式，偏重文化经营的旅游地产（文化为魂、建筑为形、旅游为体、地产为用）；海昌模式，高效整合海洋产业资源（深度拓展海洋资源，实行相关多元化）；方特模式，高效整合文化、科技、旅游产业（引领高科技风潮）。第三，主题公园开发模式。结合当前主题公园的开发模式，主要形成了九种开发模式："主题乐园＋游乐设备"的开发模式、"主题乐园＋影视娱乐"的开发模式、"主题乐园＋主题表演、大型演出"的开发模式、"主题乐园＋文化古镇"的开发模式、"主题乐园＋水娱乐"的开发模式、"主题乐园＋综合度假区"的开发模式、"主题乐园＋城市综合体"的开发模式、"主题乐园＋旅游景区"的澎游开发模式、"主题乐园＋人造景观"的开发模式。

三、主题公园类旅游目的地的典型案例

主题公园是现代旅游产品的重要类型，其强大的文化娱乐功能、典型的旅游体验业态、沉浸的旅游体验、丰富的产品类型、新颖的旅游空间及文化引领、国

际品质、科技创新、特色鲜明的项目，都契合了当前社会矛盾的主要变化，满足了大众旅游的市场需求，驱动了主题公园与城市、区域一体化发展，提升了区域发展水平，实现了旅游空间和城市空间功能的叠加，也促进了城市景观再造和文化振兴。下面以上海迪士尼乐园、东阳横店影视城为例分析主题公园类旅游目的地的成功运营之道。

（一）上海迪士尼乐园

上海迪士尼乐园（见图 3-2-1）位于上海市浦东新区川沙新镇，是中国大陆首座迪士尼主题乐园。它是中国大陆第一座、亚洲第三座、世界第六座迪士尼主题乐园。乐园拥有七大主题园区——探险岛、米奇大街、奇想花园、明日世界、宝藏湾、玩具总动员、梦幻世界，两座主题酒店——上海迪士尼乐园酒店和玩具总动员酒店，一座地铁站——迪士尼站，并有许多全球首发游乐项目。景区有最美人工湖，是迪士尼历史上最大的水景平台。有最高、最大的城堡，是迪士尼乐园的地标性建筑，获得美国建筑师协会授予的建筑实践技术大奖。有中国式园林——位于主题乐园中央的美丽花园，创意来源于中国元素。有数字化乐园，可以看到世界上最尖端的技术。主题酒店依照“玩具总动员”主题酒店外墙并仿照动画片中“安迪”房间内的天空壁纸图案进行设计。迪士尼小镇容纳了世界级娱乐设施、商店和餐厅。自迪士尼落地上海以来，给我国旅游业带来了新的市场机会，提升了游客对主题公园的消费热情及关注度，带动了主题公园的景区流量，带来了经济溢出效应。

图 3-2-1　上海迪士尼乐园

上海迪士尼乐园是我国主题乐园成功运营的典范。迪士尼乐园主题概念鲜明，以主题文化来创新旅游产品。推出以童话故事、科学幻想为主题和背景的卡通形象。从最初的米老鼠和唐老鸭到后来的加勒比海盗系列，这些卡通形象拥有鲜明的性格特征、自己的故事，主题乐园对主题形象进行加工设计，将其展现在游客的眼前，使卡通形象深入人心，吸引了大量游客。迪士尼乐园通过整合资源，以演出、建筑、游乐场等情景，以娱乐方式来展现和塑造故事情节。主题、场景、情节成为迪士尼乐园模式运营的三个基本要素。随着多年来的发展，迪士尼已经拥有了非常强大的品牌影响力，并在各个领域树立起了品牌形象，这提升了迪士尼品牌的知名度，并且吸引了来自世界各地的游客来参观迪士尼乐园，深入感受迪士尼文化的魅力。迪士尼独特的品牌形象备受游客青睐，这是它的一项主要优势。迪士尼通过这些举措取得了可观的经济收入。首先，迪士尼一直注重保持顾客的忠诚度。迪士尼与欧洲各大旅行社建立了合作关系，提供包含公园门票的全套迪士尼旅游套餐，游客可以在欧洲的任何一家旅行社预订。此外，迪士尼还专门设立了一家旅行社为其乐园提供支持。其次，迪士尼将娱乐和购物融合在一起，为游客设计园区旅游商品。再次，迪士尼与知名的跨国企业合作，在共同投资的情况下合力开发迪士尼乐园，共同参与迪士尼乐园特定业务的运营。最后，迪士尼公园非常注重舞台演出和娱乐活动，游客可以在公园的各个角落看到扮演着动画角色的演员，这些表演活动受到游客的广泛欢迎。

上海迪士尼乐园是主题乐园本土化运营的典范。上海迪士尼和中国元素的成功结合，在保留美国品牌特色的同时，在一些方面进行了适应性调整，通过对中国市场和客户需求的深入了解和分析，使迪士尼乐园能够满足中国游客的需求，从而在中国持续发展。上海迪士尼本土化主要体现在旅游产品本土化、市场营销本土化、管理运营本土化和环境设施本土化四个方面。第一，旅游产品本土化。迪士尼在旅游产品设计上，融入中国传统古文化元素，根据中国游客十二生肖传统文化，从迪士尼经典动画人物中挑选出 12 个动画明星。在餐饮服务体验上，为了满足中国八大菜系的要求，迪士尼从全国各地配备了一支拥有 700 名厨师的烹饪团队，使餐饮更贴近中国本土消费者的口味，并创新性推出各种中国口味的迪士尼菜式。第二，营销传播本土化。上海迪士尼的营销传播立足本土文化，充分考虑国内文化确定基本主题，关注本土消费者感兴趣的事件、人物以及话题等。营销主题聚焦“家”文化，深度融入中国文化，讲好中国故事，跨界营销，借势中国传统节日，做好节日营销。第三，管理运营本土化。上海迪士尼 98% 的一线员工为中国人，其中正式员工大多数为上海本地人，节省了公司的人力成本。为了适应中国上海本地特点，导览服务人员需要熟练掌握上海话、普通话、英语等，以便更好地服务多样化的游客。第四，环境设施本土化。上海迪士尼将迪士尼的传统经典设计与海派文化相融合。在建筑色彩、艺术装饰的设计上都蕴含着中国元素，如中国五行元素和龙凤标志。奇幻童话城堡最高的塔尖图案是中国名花——牡丹，同时将上海市市花——白玉兰设计在塔尖上，除此之外还有中国传统的莲花、祥云等图案。

上海迪士尼乐园是产业联动发展、多种模式并举的典范。迪士尼乐园的产品开发与运营，实质上是多元化运作、多产业链组合的过程。在这个组合中，景区门票仅是迪士尼旅游收入的一小部分。以休闲度假为中心，将其他相关产业如娱乐、住宿、餐饮等相结合，让游客体验游乐度假功能，是迪士尼乐园盈利的主要途径。为了延长游客在迪士尼娱乐的时间，迪士尼在核心景区周边设计了度假村酒店、生态型房地产和互动娱乐休闲中心，并配备了儿童娱乐设施、成人水疗美容中心及健身中心等休闲服务设施，丰富了迪士尼乐园的外围文化，构建集旅游、娱乐、商业、居住于一体的综合性旅游休闲度假中心。迪士尼乐园还通过出售主题旅游纪念品，使游客进行二次消费，扩大品牌的影响力，增加顾客的重游率。为了防止旅游纪念品被复制，还申请了知识产权保护。在主题公园项目最开始的主题定位阶段，投资方和经营者就应该思考未来可能会涉足的房地产、餐饮、零售等相关领域，并积极推动各产业之间的合作，以追求多产业融合发展的目标。这样可以最大化地提高各项综合收益，建成利益共享的平台。

上海迪士尼乐园将科技与旅游相融合，提高项目的新奇性和科技含量，注重互动参与的娱乐性的开发，因为娱乐性是主题公园的魅力所在。通过增加游客在触觉、观感、味觉、视觉上的不同程度的刺激和享受，给游客营造更好、更放松的娱乐环境，让游客感受到高质量的娱乐体验。要求在市场分析的基础上，引进高科技的现代化游乐设施，提升景区的休闲和娱乐功能，通过提高产品的趣味性与挑战性，增加游客的参与性与互动性体验。通过刺激游客的好奇心，不断创新旅游项目内容，增加主题乐园的娱乐性，激发游客的多样化旅游需求，提升游客的项目体验质量，形成景区良好的市场口碑效应。

上海迪士尼乐园是我国“5G+ 主题公园”融合发展的典范，应用了“5G+ 主题公园”十大场景。

1．“5G+360°全景沉浸式体验”，全感官、全人群、全天候式主题公园产品

通过 360° 全景虚拟现实技术（VR）镜头，借助 5G 高速传输和超低时延实现高低维度场景转换，通过物联网（IOT）对接真实世界，提供完美沉浸式游戏感体验。游客戴上穿戴设备，眼前就会出现主题公园全部场景。游客不仅可以触碰体验，还能与同游游客交流互动。

2.5G+机器人导游、导览、播报、智能售卖

借助 5G+ 人工智能（AI），机器人导游根据游客所处空间场景及事件进行语音解说，同步呈现高清画面，自如地解答游客提出的问题，实现几乎与真人无异的导游服务体验，可用于旅游区、酒店等区域为游客提供服务。

3.5G+无感验票和安检

游客购票后系统将实时同步游客个人信息，在入园时和安检时实现自动识别，快速入园。主要解决主题公园人流高峰拥挤现象，实现智慧化景区。

4.5G+智慧酒店

5G 与酒店的联系包括超高速网络体验、VR 浸入式体验、5G+4K 高清直播、4K/8K 影厅、AI 智能机器人引导及服务、5G 云电脑、智能管理等方面。与 5G+ 智慧酒店合作，用户可使用手机实现快速指引入住，在客房内畅玩云端游戏，纵览 4K 高清电影。

5.5G+VR+AI 全景直播

360° 全景采集景区内实时视频画面，以高清 VR 作为呈现方式传输到体验区，同时实现与电竞、网游等热门元素的跨界融合，打通“线上 + 线下”直播新模式，形成线上和线下的流量闭环。游客现场佩戴 VR 眼镜后，就能身临其境，如同置身于景区。

6.5G+智慧旅游

5G 应用于旅游，使旅游产业旅游经济指标的分析更精准，为决策及旅游宣传推广提供精准可靠的大数据分析平台。旅游安排全程无纸化、业务管理智能化、产业发展集约化，简化旅游程序，实现智慧旅游。

7.5G+智慧主题公园景区服务

通过 5G 网络提供边缘计算的 AI 功能进行分析，实现游客的无感知服务及景

区的精细化管理。游客能根据需要进行选择性消费，借助虚拟辅助系统全面直观地进行旅游体验，与智慧景区系统进行信息互动。

8.5G+旅游社交分享

通过景区 AI 游记助手，帮助游客自动编写游记，自行生成 720° VR 交互式视频和 8K 高清视频的全景游记，立体再现所见所悟。根据游客游玩路线、景点一键自动生成一份包含图片、文字和视频的游记，并支持删减、修改及分享。

9.5G+AI 景区无人驾驶

5G+AI 可以实现景区无人驾驶技术。游客可直接呼叫、搭乘、语音控制无人驾驶车辆作为代步工具。

10.5G+主题公园安防、无人机巡防

5G 技术能全面覆盖并精准管理景区人员车辆，实行数据采集、分析、描述、监测，实现对旅游管理、旅游营销、旅游服务的智慧支撑，保障旅游信息安全，精准定位景区失踪人群，监测意外灾害并及时报送信息。

（二）东阳横店影视城

横店影视城（图 3-2-2）位于浙江省东阳市横店镇境内，自 1996 年以来，横店集团先后投入 30 亿元资金，兴建了广州街、明清宫苑、香港街、清明上河图、秦王宫、华夏文化园、梦幻谷、明清民居博览城、大智禅寺、屏岩洞府等景点，还有汇聚南北地域特色的影视拍摄基地和两座超大型的现代化摄影棚。横店影视城拥有一座面积 1944 平方米，高 23 米的国内规模最大的高科技室内摄影棚，被誉为“东方好莱坞”。影视城共有七大景区，各大景区配有演艺秀。其清明上河图景区有汴梁一梦、笑破天门阵、游龙戏凤、聊斋惊梦演艺秀；秦皇宫景区有龙帝惊临、梦回秦汉、英雄比剑、始皇登基、秦王迎宾演艺秀；梦幻谷景区有梦幻太极、暴雨山洪、小鸟加油、海豚湾演艺秀；明清宫苑景区有八旗战马、紫禁大典、清宫秘戏、花车巡游演艺秀；广州街·香港街景区有大话飞鸿、魔幻风情、怒海争风演艺秀；明清民居博览城景区有秦淮八艳、4D 动感电影演艺秀。除此以外还有大智禅寺景区、屏岩洞府景区。还有六座在建基地，分别是唐宫唐街、上海滩、九龙大峡谷、华夏文化园、电影梦幻世界、情人谷。

图 3–2–2　东阳横店影视城

1996 年 8 月，为了拍摄电影《鸦片战争》，横店修建了第一座影视基地广州街，迈出了它成长为中国影视基地的第一步。如今，横店影视城已成为全球规模最大、国内拍摄场景最多、历史跨度最长、配套设施最全的影视拍摄基地。2004 年，横店影视城正式成立全国首个集影视拍摄、创作、发行、制作、交易于一体的国家级影视产业实验区，称为横店影视文化产业实验区。举行了“2004 年中国·横店影视博览会”和“第八届中国国际儿童电影节”。横店影视城被评为国家 5A 级旅游景区，是我国唯一的国家级影视产业实验区，被美国《好莱坞》杂志称为“中国好莱坞”，是中国十大影视拍摄基地、浙江省文化产业示范基地、全国中小学生研学实践教育基地（修建圆明新园），是集影视旅游、休闲、度假、观光为一体的大型综合性旅游区。

横店影视城是我国景区企业合作发展模式的典范。横店的快速发展依赖于独有横店模式的横店影视集团。从 2000 年开始，横店从“影视基地 + 免租政策”发展到“影视文化 + 产业集群”模式，横店集团通过合作共赢的方式引进大量外来资金，使其拥有庞大的资金后援，能维持发展成熟期的景区平稳地成长。从 2000 年开始，横店为影视拍摄剧组实行免场租政策，通过免租方式带来了住宿、餐饮等相关产业的收入增长。2001 年，横店将集团旗下的影视拍摄基地、旅游接待服务、星级宾馆等 20 余家企业整合成浙江影视旅业有限公司。2002 年，游客增长率创下历史新高，意味着横店爆发出产业集聚的潜能。2005 年，横店集团与中国电影家协会、浙江传媒学院共同创立了中国影视文学创作中心和影视科技学院。华谊兄弟、香港东方娱乐、天润影视等200余家企业陆续入驻，景区国际化与专业化程度不断加深。横店影视产业集群进入了一个新的发展阶段，在发展水平、规模以及对外辐射能力方面都实现了质的飞跃。

横店影视城是中国影视文化产业发展的典型案例。横店从原先的一个小山村，发展到以影视文化为基础，以旅游观光、休闲娱乐为依托，将影视文化旅游作为特色旅游产业加以发展，不断加深文旅产业融合和延伸旅游产业链，横店实现了影视基地到影视旅游景区的转变，再从影视旅游景区到影视主题文化，小镇的发展“三级跳”。横店正加速全产业链的拓新与布局，目标是打造影视主题休闲娱乐综合体。横店影视城修建的影视基地中，大多数以能凸显中国历史文化的传统建筑为背景，展现了中国不同历史时期的建筑风格，探索出了一条中国影视文化基地的旅游发展道路。横店影视城建立了全面成熟的影视旅游产业链，横店影视城在景区建设、营销网络、管理经营等方面形成了自身的优势，实现了影视旅游产业上、中、下游的衍生发展。持续发展上游影视制造业，不断完善中游旅游业发展，创新性融合下游影视文化产业链，逐步形成“影视＋旅游＋文化”的产业融合的纵深发展，以丰富景区旅游产品，形成横店影视城交通、住宿、餐饮、零售业等产业集群发展，扩大景区产业规模，提升景区经济效益。“影视为表，旅游为里，文化为魂”是横店发展影视产业的核心脉络。横店影视城充分挖掘中国影视文化资源，把旅游产业与影视元素需求相结合，研发出旅游演艺等多种旅游项目，增加游客参与式体验，加深游客对景区的旅游文化体验。例如，横店影视城在广州街、香港街、秦王宫、明清宫苑、梦幻谷、清明上河图、明清民居博览城七大景区均拥有丰富的剧目表演。横店影视城创造了电影企业与旅游产业融合的价值共创模式，即景区为电影制造企业提供影视拍摄基地，为电影企业的影片拍摄解决场景问题，而景区通过影片背景宣传带来的旅游人气，带动了景区相关产业的发展，景区“开放式管理、合作共赢”的经营理念为景区的持续发展提供了经济支撑，实现了旅游景区与电影企业的价值共创。

横店影视城是我国影视文化景区营销宣传的典范。2003年横店成立影视城旅游营销公司，整合各景区营销队伍，进行营销体制的创新为横店影视发展奠定基础。首先，横店发挥影视作品在旅游目的地营销中的宣传作用。影视作品是旅游营销的有效手段，通过剧情化的情景加深观众对旅游目的地的认知，激起人们探寻影片背后的故事，激发游客的旅游动机，对旅游目的地市场形成强有力的拉动作用，从而为地方创造经济效益和社会效益。其次，横店创新旅游项目，丰富景区开发理念。横店影视城将静态的影视基地，通过加入创新性、参与性强的旅游项目增加景区娱乐休闲的趣味性。同时充分利用现有影视资源，汇聚旅游人气，重现影片中拍摄场景，让游客亲身体验电影电视中的逼真场景，追求影视文化与科技融为一体化的效果，提升旅游目的地的旅游品牌形象。最后，横店扩展营销渠道，确立市场主导地位。横店影视城注重旅游品牌营销，扩大旅游宣传所形成的品牌效应。为更好地推广横店影视城的品牌形象，除了通过电视广告、网络、公交车广告、报纸等各种途径开展景区宣传，还通过戛纳影展、东京国际电影节等扩大景区在国外影视界的影响力，为景区迎来更多的发展商机。横店影视文化旅游已经成为国内旅游的著名品牌，被列为浙江省黄金旅游线路。

横店是我国“横店影视城＋”产业融合模式的典范。横店影视城中欧洲小镇影视旅游拍摄基地及横店温泉养生旅游区项目围绕“影视文化＋旅游”与“影视文化＋养生”等方面来体现产品的跨界融合和多样性，进一步增强横店影视城旅游产品竞争力。一方面，横店欧洲小镇影视旅游拍摄基地集中展示了欧洲各国风土人情，它由西欧乡村风格小镇、英伦古典建筑风格小镇、欧洲古城堡建筑、西班牙拉丁风格小镇、意大利风情小镇等组成，构建了影视产业、影视文化与主题旅游为一体的产业集群。在这里，不仅可以实现影视拍摄、影视后期制作，还可以进行主题旅游、休闲度假等，打造独特的“影视＋旅游”生态圈，驱动横店影视主题旅游产业的升级。另一方面，横店温泉养生旅游区以山水温泉养生、影视文化、火山文化为主题，景观设计定位为侏罗纪时代动植物及远古时期火山岩风貌，以温泉养生和温泉体验为核心，以热带雨林温泉为特色，是集温泉养生、游乐戏水、文化体验、生态观光等复合功能于一体的温泉养生旅游区。通过温泉旅游区的打造，进一步丰富生态旅游、养生旅游、温泉旅游等旅游产品，升级横店冬季项目配套产品。

第三节　文化艺术类旅游目的地的开发与管理

一、文化艺术类旅游目的地

文化艺术类旅游目的地包括各种具有文化、艺术和创意价值的场所和景点，如博物馆、美术馆、音乐厅、剧院、文化街区、创意园区等。这些地方汇聚了人类智慧和创造力的精华，为游客提供了一种独特的旅游体验。

在文化艺术类旅游目的地中，游客可以深入了解当地的历史文化，欣赏各种艺术作品，参加各种文化活动，体验不同的生活方式和风俗习惯。这种旅游方式不仅可以让游客放松身心、增加见识，还可以促进文化交流和传播，提升人们的文化素养和审美水平。

随着人们生活水平的提高和旅游需求的多样化，文化艺术类旅游目的地的需求量不断增加。为了满足市场需求，各地政府和企业也在加大投入，推动文化艺术类旅游资源的开发和发展。

文化艺术类旅游目的地所涵盖的资源非常广泛，它包括了许多不同的内容和形式。以下是一些常见的文化艺术类旅游资源：

（一）博物馆和展览

包括历史、艺术、科学和特殊主题的博物馆，以及各种临时和常设的展览。这些场所提供了深入了解不同文化和艺术的机会。

（二）剧院和表演艺术

包括传统和现代的戏剧、音乐会、歌剧、舞剧等表演艺术形式。游客可以在当地的剧院或者音乐厅欣赏到高质量的演出。

（三）艺术和手工艺品

包括绘画、雕塑、陶瓷、纺织品、金属工艺品等传统和现代艺术作品。游客可以在当地的工艺品市场或者艺术工坊购买这些艺术品。

（四）节日和庆典

许多国家和地区都有独特的节日和庆典，如嘉年华、灯节、音乐节等。这些活动通常包括丰富的文化表演和活动，是了解当地文化的好机会。

（五）文化村落和民俗文化

一些地区保留了传统的文化村落和民俗文化，如传统的农耕、渔猎、手工艺等。游客可以在这些地方亲身体验传统的生产和生活方式。

（六）文学和电影

一个地区的文学（如诗歌、小说）和电影也是了解其文化的重要途径。游客可以通过阅读当地文学作品或者观看当地电影深入了解当地的文化和历史。

以上只是一些常见的文化艺术类旅游资源，实际上还有很多其他的形式和内容。在规划文化艺术类旅游时，可以根据自己的兴趣和需求选择合适的旅游目的地和活动。

二、文化艺术类旅游项目的开发和管理

博物馆作为一种高品位的旅游资源，是旅游发展的重要载体，在留存和传承历史文化等方面发挥了巨大的作用，为旅游者提供更高层次的精神享受和审美需求。随着文化和旅游的融合，博物馆与旅游融合协同发展成为重点，很多博物馆成为城市形象的代言，城市的地标，高品质的文化空间，有温度、有内涵、有故事的城市客厅，提升城市文化旅游吸引力的重要载体，对旅游者产生了很大的吸引力。博物馆旅游成为一种新兴旅游形式，博物馆已经成为旅游者在闲暇时间旅游活动的主要目的地，从过去以参观游览为主转化为以休闲、娱乐和文化体验为主。对博物馆旅游的主体——旅游者来说，博物馆旅游是旅游者通过参观、体验、娱乐等方式获取与感受博物馆传达的文化氛围、文化知识和文化底蕴；而对博物馆旅游的载体——博物馆来说，各类型博物馆通过文物展览、文化传播，普及着城市与乡村的过去、现在和未来。在我国旅游发展文旅融合背景下，博物馆旅游正处于转型的关键时期，改变传统博物馆旅游发展模式，实现博物馆旅游可持续发展成为重要研究内容。下面以北京故宫博物院（以下简称故宫）、甘肃敦煌莫高窟为例，探讨文化艺术类旅游项目的开发和管理经验。

（一）故宫

故宫（图 3–3–1）成立于 1925 年，建立在明清两朝皇宫——紫禁城的基础上，既是建筑群与宫廷史迹的保护管理机构，也是以明清皇室旧藏文物为基础的中国古代文化艺术品的收藏、研究和展示机构。故宫馆藏文物体系完备、涵盖古今、品质精良、品类丰富，现藏品总量为 180 余万件（套），90% 是珍贵文物。以明清宫廷文物类藏品、古建类藏品、图书类藏品为主。藏品总共 25 大类，其中一级藏品 8000 余件（套），堪称艺术宝库，是记载明清宫廷历史的鲜活档案。故宫是世界上规模最大、保存最完整的木结构宫殿建筑群。

图 3–3–1 北京故宫博物院

故宫是世界文化遗产，是世界五大博物馆之一，也是全国第一批重点文物保护单位。故宫不仅是中华民族的骄傲，也是全人类的珍贵文化遗产，其历史文化地位在国际上有着极为重要的意义。故宫的文化导向是平等、多元和包容，体现了当今世界多元一体、相互尊重、彼此借鉴、和谐共存的文明发展大格局。故宫是“一带一路”建设中重要的文化支点，通过传播历史文化，建立了与世界各国的友谊之路，将中华优秀的传统文化遗产跨国界进行创作开发，体现了中西文化交融的历史意义，提升了中国作为世界重要旅游目的地国家的地位，树立了中国旅游强国的国际形象。

故宫是中国博物馆改革发展的典范。故宫通过线上全景故宫、旅游文创等旅游产品创新打造超级 IP，“故宫热”“故宫萌”掀起了故宫的网络热度。故宫通过高科技和文化创新激活传统文化，通过开发贴近生活的文创产品，让古老的故宫历史人物和文化走进大众视野。故宫开放面积从 2014 年前的不足总占地面积的 50%，到 2025 年，预期达到 85%，使游客排队现象得以改善。故宫官网上改版上线的“全景故宫”已涵盖故宫所有开放区域，采用 VR 模式，给游客带来沉浸式体验。2018 年故宫游览人数首次突破 1700 万人次，成为世界上参观人数最多的博物馆，故宫的游览不再受季节性的限制，做到“旺季不挤、淡季不淡”。故宫根据游客的喜好，推出精品旅游线路，即参观故宫、登故宫的城墙、吃故宫的烤鸭，节省游客旅游时间。同时开发多条旅游线路，满足游客多样化的需求，将文化资源的价值通过产品组合设计转化为经济效益和社会效益。

故宫是我国博物馆文创产品创新开发的典范。2007 年，故宫组建团队开发故宫文创。故宫是文化创意产品的载体，让传统文化与观众的文化需求完美对接，研发出具有故宫文化内涵、时代特点鲜明、实用性强、绿色环保、价格合理、贴近观众需求的故宫元素文化创意产品。通过将文化元素和文化资源融合，赋予文物新的生机。接地气的文创产品使故宫成了“故宫萌”。为了开发故宫文创产品展示平台，故宫先后诞生了线上“故宫淘宝”“故宫博物院文创旗舰店”“故宫博物院文化创意馆”，开通微信小程序“故宫博物院文化创意馆”和“润百颜天猫旗舰店”，通过自营、合作经营和品牌授权等方式销售文创产品。故宫是公益性非营利性机构，景区开发并不以营利为目的，而是为了服务观众。2018 年年底，故宫的文创产品已达一万多种，年销售额超 10 亿元。

故宫文创产品成功的因素有三：其一，寻求游客的价值认同。故宫文创产品注重寻求与游客的情感共鸣，通过趣味化、娱乐化的创意方式将庄严肃穆的故宫文物以活泼、讨喜的形式展示出来，使其极具现代文化生活气息，又能体现故宫的文化特色，贴合游客的价值观念。其二，故宫挖掘、梳理、开发文化资源，建立文化信息，形成文化 IP。注重文化资源特色提炼、重构和再造，采用“跨界融合”的途径，将创意市场化，并转化为旅游产品。其三，故宫文创产品开发不仅注重产品的设计与制造，更突出文化形象的塑造和创意衍生，从实体产品的创作到影视旅游文化内容的开发，从传统营销方式到“线上＋线下”组合营销方式体验，对故宫文化产品进行全方位的营销宣传和多角度渗透。跨界与融合创新成了故宫延展自身文化 IP 内容的主题之一。

故宫是我国文化和公共教育服务融合发展的典范。2013 年，故宫成立了研究院和故宫学院，获得批准建立博士后科研工作站，形成了科研的基本框架。开展了十余项在学术界具有前沿性和开拓性的科研与出版项目，对今后文物博物馆界从事大型科研工作的模式具有积极的探索意义。故宫不仅承担着文物收藏和保护的基本功能，也承担着为社会公众提供展示、参观、教育的服务功能。故宫通过对历史资源的挖掘，和现在人们社会生活中的文化需求相联系，是全世界博物馆教育活动最丰富多彩、受众最多的博物馆。2018 年，故宫博物院为观众提供讲解导览超过 5.8 万场，通过自助语音导览服务观众超过 230 万人次，开展了 2.5 万场免费的教育活动，致力于吸引青年一代参与文博、文创事业的发展。故宫还开创服务文化旅游新模式，开启智能化服务体系。建立“智慧”的卫生间，满足不同观众群体的需求，使游客获得更加贴心、人性化的“故宫服务”。

故宫是我国“数字化博物馆”建设的典范。故宫将“文化＋科技”产业融合，向“数字化博物馆”转型。故宫利用先进的数字技术手段将文化遗产转化为数字资源，通过科学信息化和系统化处理，围绕数字资源展开保护、研究和利用，它既与实体中的故宫及其收藏的文物紧密关联，又能够脱离实体在任何时间、空间被公众感知，成为超越时空的博物馆，建立了“数字博物馆”。故宫实现了将资源数据化转向数据场景化的转变，从场景网络化展示转向网络智能化传播的方式。故宫的数字化转型是中国旅游消费升级倒逼景区产品供给的结果，全面改变了游客的旅游消费方式和消费观念，将大众的情感元素带入了旅游体验当中，提升了游客的用户体验，是中国传统博物馆转型升级的典型代表，预示着中国景区的未来开发将进入智慧化景区的进程中。2020 年，故宫开发了“云游故宫”全媒体平台，进行了网络直播，首次尝试将不同领域专家引入“云观展”，与“赏故宫建筑”“观故宫展览”“听专家讲解”的全新导览模式相结合，提供不同以往的云游故宫体验。建立“玩转故宫”微信公众号，采用数字立体化的展览方式和精细化的游客管理，该程序应用人工智能技术，使用 AI 导览助手，建立语音、文字多种形式服务模式，为游客提供个性化、定制化、智能化的导览问询一站式服务。此举增加了故宫的人气，使游客接待量持续上升，尤其是年轻游客人数显著提升。故宫还开发了多款与故宫相关的娱乐游戏软件，丰富了游客的休闲文化生活。通过游戏这种轻松有趣的方式，唤起年轻人对文化遗产、建筑文化和中华文明的热情。故宫为游客提供了便捷的行前规划服务，包括在线虚拟游览、建筑点位收藏、提前发现精选推荐等项目。

故宫博物院是我国文物保护与开发的典范。在发展的同时兼顾文化遗产的保护才能实现共同促进、协调发展。文化遗产的保护世代传承，公众参与是保护的根本之策。故宫修缮包括两大工程，一是 2002 年启动的、历时 18 年的故宫古建筑整体维修保护工程，二是“平安故宫工程”。第一项工程是从 2002 年至 2020 年，完成故宫 9371 间、1200 栋房的修缮，这个工程可以提高故宫整体保护水平和扩大开放区域。第二项是“平安故宫工程”，即 2013—2020 年，对故宫存在的火灾隐患、盗窃隐患、藏品腐蚀隐患、震灾隐患等进行整体考察，排除隐患。两大工程在 2020 年同时竣工，进一步提升了故宫整体状况。故宫在文化遗产保护上采取低碳环保环境理念，景区实行垃圾分类制度。自 2020 年 5 月 1 日实施垃圾分类以来，故宫共回收超 2.6 吨景区废弃物，并在故宫官微号召参观者参与“零废弃”项目，实现废弃物可回收循环利用。

（二）甘肃敦煌莫高窟

莫高窟俗称千佛洞，不仅是甘肃省最大的石窟群，也是敦煌石窟群体中的经典代表窟群（见图 3–3–2）。它始建于前秦时期，历经北朝、隋、唐、五代、西夏、元等 16 个朝代的兴建才形成了现在巨大的规模。莫高窟景区有洞窟 735 个，壁画面积大约 4.5 万平方米、泥质彩塑大约有 2415 尊。从建筑形制来看，主要有禅窟、殿堂窟、中心柱窟、涅槃窟、大像窟、僧房窟六种洞窟。敦煌的壁画主要以中国传统神话为题材，表现东王公、西王母及伏羲、女娲等中国传统神话传说人物形象。莫高窟的佛教经典故事画包括三种：佛传故事、本生故事、因缘故事。莫高窟是世界上现存规模最大、内容最丰富的佛教艺术宝地。莫高窟与山西大同云冈石窟、河南洛阳龙门石窟、甘肃天水麦积山石窟合称为“中国四大石窟”，是人类世界文化遗产、全国重点文物保护单位。2018 年 8 月 1 日到 16 日，莫高窟景区接待游客 283560 人，同比增长 8.07%。敦煌莫高窟每年接待游客数量超过百万人次。

图 3–3–2 敦煌莫高窟

敦煌莫高窟是我国非物质文化遗产保护与开发的典范。1907—1925 年，莫高窟藏经洞文物被外国探险家偷盗并偷运到国外。国家与地方政府颁布了系列法律条例以保护莫高窟的历史文物资源。1944 年成立国立敦煌艺术研究所，莫高窟被收归国有，由国家进行管理和保护。1984 年敦煌文物研究所更名为敦煌研究院，莫高窟步入了科学保护轨道。1985 年我国加入《世界遗产公约》，促使莫高窟的国内法律体系不断完善。2002 年制定了《甘肃敦煌莫高窟保护条例》。2011 年 3

月制定《敦煌莫高窟保护总体规划》(2006—2025)，标志着莫高窟保护步入了法治化的轨道。敦煌研究院在文物古迹保护方面采取了一系列的措施，遵循国际文化遗产保护规则，开展国际交流与合作，坚持遗产开发的真实性、整体性原则，在《敦煌莫高窟保护总体规划》中第一次提出了“价值管理”概念，此理论的应用对于莫高窟丢失文物的回归和信息构建起到了积极作用。敦煌研究院积极参与国际敦煌项目，以实现敦煌文献的国际共享，有利于找回景区丢失文物。

莫高窟景区是我国文化遗产与旅游业态融合创新的典范。在“一带一路”旅游倡议合作中，敦煌向全球免费共享数字敦煌资源库，引进国外的展览与人才。敦煌筹办了“创意丝路”敦煌国际设计周、“到世界找敦煌”——敦煌流散海外文物复制展、“绝色敦煌之夜”演出、纪录片《莫高窟与吴哥窟的对话》首映式等主题活动，扩大了敦煌的旅游国际影响力。莫高窟还进行文化遗产“进校园、进军营、进社区、进乡村、进企业”的宣传活动，将东部沿海发达地区的文化资源带回中西部地区，反哺敦煌，以期逐渐实现遗产保护，旅游发展，社区繁荣。另外，与其他大部分景区由导游进行讲解不同，莫高窟有自己专业的讲解队伍，可以为观众提供六种语言的免费讲解。

莫高窟是我国景区文化遗产保护实践工作的标杆。莫高窟景区的文物保护与旅游开发所带来的文物破坏之间的矛盾日益突出。从洞窟微观环境来看，游客的增多影响了洞窟文物本体恒定的小环境；从空间上看，洞窟狭小，壁画材质脆弱，与旅游活动的开放产生矛盾；从人数上看，过量的游客参观造成了一些洞窟长期处于超载状态，不利于洞窟的环境恢复。莫高窟景区一直面临承载力超载的问题。莫高窟不断强化文化遗产管理，协调保护与利用的关系。

莫高窟是我国文化遗产景区开放利用模式创新的典范。莫高窟以努力实现负责任的文化旅游开发利用为工作的重要目标，探索了一条保护与开放、面向社会公众的智能化游客服务中心建设体系，提出“总量控制、线上预约、数字展示、实体洞窟”莫高窟参观新模式。新参观模式有效缓解了洞窟保护的压力，实现了景区文化遗产保护与开发的可持续发展。2010 年世界遗产委员会将敦煌研究院评价为“以非凡的远见，展示了有效的遗产地旅游管理方法，以保护遗产地的价值，树立了一个极具意义的典范形象”①。其模式运用的具体实施路径包括：第一，建设莫高窟游客服务中心——数字展示中心。建立数字洞窟，用于文物数字化采集与存储，数字洞窟在数字展示中心向公众开放，可以缓解实体洞窟的保护压力。

① 中国科学技术协会．大家讲学风[M]．北京：中国科学技术出版社，2022．

数字展示中心的选址考虑到服务莫高窟本体与分流人群的需要，成为莫高窟的防火墙。数字展示中心落成后，相应提出了“总量控制、线上预约、数字展示、实体洞窟”新参观模式，将每日游客承载量提升到6000人。第二，建立参观预约网，为公众提供参观预约服务。在旅游旺季，莫高窟适时推出了“预约参观＋应急参观”的复合模式，通过莫高窟参观预约网、手机软件（App)、微信官网等多种预约渠道，游客可提前一个月进行预约。第三，有效整合莫高窟的旅游资源，优化游览线路，增加参观内容。其中包括参观敦煌石窟保护研究陈列中心、藏经洞陈列馆、敦煌研究院院史陈列馆、莫高窟美术馆，以减轻对实体洞窟的压力。第四，完善运营管理体系。敦煌研究院建立了较为完善的组织管理体系，智慧监控景区管理，在游客高峰时期，都处于一级联动状态。编写《莫高窟数字展示中心运营手册》《莫高窟数字展示中心服务用语手册》《莫高窟数字展示中心员工工作手册》指导相关工作，制定完善的各项管理制度和突发事件应急预案。

第四章 可持续开发的文化旅游

本章为可持续开发的文化旅游，依次介绍了可持续发展与文化旅游、可持续发展文化旅游资源的保护、可持续发展文化旅游的创造性开发、国内外文化旅游开发实践与启示等四个方面的内容。

第一节 可持续发展与文化旅游

可持续发展不仅是一种理论框架，也是一种战略方针，它强调人们需要以极高的历史责任感来面对人类所处的环境，并用高尚的思想观念为未来几代人的生活和成长预留足够的空间和资源。因此，可持续发展成为当今世界经济发展的主流趋势，并已逐步渗透到社会生活的各个领域。这种观点是在人们明确意识到人类生存环境正面临巨大风险的情况下提出的，并经过深入地自我反思。该观点一经提出，便迅速获得了全球各国和各个行业的广泛支持和积极反馈。旅游业作为一个新兴产业也不例外，其快速的增长使之成为全球经济中最具活力的支柱产业之一。由于不合理的开发和粗放式的经营方式，旅游资源遭受了损害，这进一步推动了旅游可持续发展理论体系的建立和应用。旅游业已成为当今世界上最具活力的新兴产业之一，也是国民经济中一个极具潜力的新增长点，作为旅游系统的一个分支，文化旅游行业受到了广泛关注，它以可持续发展作为核心战略，为文化旅游产业的持续发展和生存提供了丰富的资源和空间，这种思想是人们面对生存环境威胁后的反思，也得到各界行业的支持。粗放式的开发使旅游资源得不到合理利用，产生严重损耗，因此书中指出要高度关注可持续发展体系，以实现新的文化旅游产业的发展目的。

一、可持续发展与旅游可持续发展

可持续发展思想由来已久，在传统的农业实践中可以找到这一概念的雏形。

到了21世纪，人类赖以生存的地球面临着，如人口持续增长、资源急剧减少、环境污染、贫富差距扩大和犯罪活动增多等一系列尖锐的挑战和冲突，这些问题严重阻碍了世界的进步与发展。人们逐步意识到，只有选择可持续发展的路径，世界才能迎来光明的未来。于是，可持续发展成为国际社会共同关心和重视的重大课题。在1992年，联合国在巴西的里约热内卢举办的环境与发展大会中，批准了《21世纪议程》，并为人类社会的可持续发展提出了具体的行动计划。此后，许多国家相继出台了履行该文件的具体行动计划或实施方案，并取得了明显成效。在1994年，我国的政府推出了名为《中国21世纪议程》的白皮书，为我国实施可持续发展策略提供了一个行动蓝图。

（一）可持续发展的含义和特点

1. 可持续发展的基本含义

为了实现可持续发展，首先要准确地理解人与自然以及人与人之间的相互关系。这要求人们用最高的智慧和广泛的爱的责任感来规范自己的行为，并努力创造一个和谐的世界。从哲学角度看人与人的和谐共处是一个辩证过程。这表明，在空间布局上，人类社会应当遵循互惠互利的基本准则，而非互相争夺；在时间维度上，我们应当坚守理性分析的准则，而不是在出现赤字后再进行操作；在制度上遵循公平公正的原则，不能用行政权力来干涉市场活动，也不能用暴力手段剥夺他人的生存权、发展权及健康权。从伦理角度看，我们应当坚守“只有一个地球”“人与自然之间的平衡”“平等的发展权益”“互利共赢”和“共同建设与分享”的原则，并认识到全球各地发展的多元性，从而展现出高效、和谐、循环再生、有序协调和平衡运行的正向状态。可持续发展是一种辩证思维方式和价值取向，它把人与自然环境之间的关系看作是一种动态而非静止的联系。因此，可持续发展被清晰地定义为一个正向和有益的进程，它强调了发展的不可逆性、广泛性，以及与自然、社会、经济的综合关系。

可持续发展包含以下三项基本内容：第一，公平性原则；第二，持续原则；第三，共同性原则。

可持续发展的前提是保护自然资源及生态环境，使发展同资源和环境的承载能力协调一致。发展、环境保护和资源利用共同构成了一个相互关联的系统。可持续发展与传统发展的界限在于资源的持续利用和环境保护的程度。

可持续发展的思想强调人们应该转变传统的粗放型生产方式和高消费、高浪费的生活方式，以实现减少能源资源消耗和污染排放的目标。

可持续发展的目标始终是改善和提高人们的生活质量。满足人类的需求是社会发展的核心。实现可持续发展需要进行全面的文化演进并进行深刻的社会变革，其核心就是促进人的全面发展。

可持续发展思想是一种全新的价值观念，实现可持续发展也是全人类的共同目标。

可持续性发展包括三个层面的内容，分别是生态、经济和社会。生态可持续性的意思是保持资源的合理利用，减少对环境的不利影响，保护生态系统的生产力；促进公正和包容的经济发展；经济可持续性是指采取经济手段，确保经济的稳定增长，特别是在快速提高发展中国家人均收入方面发挥作用，同时管理资源和环境以达到资源的经济化和环境可持续发展；社会可持续性指保障社会公正、平等和人权的实现，通过满足基本需求和提高生活质量来促进人类福祉和福利的长期增长。所有这些都与人的需求、感知能力、行为和成长息息相关。

2. 可持续发展特点分析

人类历史经历了不同的发展阶段，各个发展阶段都具有特定的内核，也表现出不同的特点。有专家研究指出，人类的历史可以划分为四个发展阶段：前发展阶段、低发展阶段、高发展阶段和可持续发展阶段。

（二）旅游可持续发展系统分析

随着旅游业快速发展，其规模化效应不可忽视，并且在发展中国家表现得尤为突出。这些效应可能带来一些消极影响和潜在威胁。在经济发展过程中，一些发展中国家将旅游业视为必须发展的主要项目，并采用不恰当措施来促进其发展，这种行径导致旅游活动与环境产生冲击，并有不断加剧的趋势，引起人们高度地重视。如果不加以改变，旅游业对文化和自然环境的破坏将会不断加剧，导致公众对旅游产生抵触情绪，进而导致旅游业的增长放缓。这种情况下，一种全新的旅游发展理念——旅游可持续发展诞生了。

1. 旅游可持续发展的基本含义

20 世纪 80 年代末，《我们共同的未来》中，世界环境与发展委员会认可其中对于旅游业可持续发展概念的表述：“发展既要满足当代人的需要，又不能危害后代人的需要。”在这个定义的基础上，北京师范大学资源与环境学院的卢云亭教授为旅游业可持续发展下了一个定义，即“在不损害生态持续的前提下，既满足当代人的旅游需求，又不危害后代人满足自身旅游需要能力的发展”[①]。全球可持续发展大会旅游组行动策划委员会提出的旅游可持续发展行动战略，将旅游可持续发展定义为“在保持和增进未来发展机会的同时，满足目前游客和旅游目的地居民的需求。”

作为复合型产业，旅游业可持续发展需要考虑到社会、经济、文化大环境等各方面的因素。这使得它无法单独在一个孤立的环境中发展。我们在此将旅游业可持续发展定义为资源、环境、社会和经济四个方面协调发展的有序性发展，具体表现在以下几个方面：

①增加人们对旅游的经济效益与环境效益的认识。

②使旅游业的发展更加公平。

③改善旅游接待地居民的生活质量。提高旅游接待地居民的生活水平。

④为旅游者提供同等水平的旅游体验。

⑤维护未来旅游业所依赖的环境质量。

2. 旅游可持续发展的承载力

旅游可持续发展的容量指的是特定时期、条件和状态下，保证旅游系统的结构和功能不被破坏的前提下，一个国家或地区的旅游资源所能够容纳的人类活动阈值。所谓的条件和状态说的是在特定的生产能力和物质生活水平条件下，或在进行旅游活动时，不能影响旅游资源和结构，并且考虑到人类活动的影响，保持旅游资源系统的正常功能。

旅游承载力包括三个方面，社会心理、经济和技术承载能力。所谓的社会心理承受能力指的是，当地居民和旅游者对旅游目的地的认知程度、兴趣点等因素的综合影响，涵盖了两个方面，即目的地居民的精神素质和旅游者的心理适应水平。第一种情况指的是旅游目的地居民在心理上可以容纳旅游者的数量；第二种情况指的是旅游者可以容忍的人数上限。所谓经济承载能力指的是旅游区的基础设施接纳能力是否满足超负荷的旅游业务，具体反映在该地区投资水平的各个方面，包括餐饮、住宿、交通、购物和娱乐设施等。所谓的技术承载能力指的是，旅游业的发展和现代化建设都需要应用先进技术来实现，这种技术能力包括物质和环境两个方面的承载能力。旅游目的地的物理容量指的是其可以容纳旅游者的最大数量，也称为物质承载力。环境承载力指的是旅游目的地在保护其生态资源的前提下，能够承载游客的数量的能力，也被称作生态容量。

① 卢云亭．旅游研究与策划[M]．北京：中国旅游出版社，2006．

3. 旅游可持续发展的基本目标

旅游可持续发展是指规范人类进行旅游活动并考虑其与社会和环境系统之间的联系。不过，要确立旅游可持续发展的内涵和外延，就需要遵从一个被广泛认可的定义。参照布伦特兰（Brundtland）报告对“持续发展”概念的阐释，可将其定义为在考虑环境的可持续性发展的前提下，实现当今旅游需求的满足，同时确保未来能够继续满足旅游需求的能力不受损害。根据此定义，旅游业的可持续发展需要实现四项基本目标。

实现最优的旅游效益，需要尽可能地减少旅游环境和资源的使用，并同时保证最大的旅游福利总量。换句话说，旅游业需要最小化对环境的影响，最大化旅游综合效益，只有这样才能实现旅游产品消费和环境资本同时增长，即旅游业可持续发展的第一个基本目标。这体现了旅游业的可持续发展。

贫富地区均应实现旅游业可持续发展。旅游业的发展是存在贫富差异的。一般而言，旅游业发达地区多能将资本不断地投入新的领域，因而它为了获取最大的收益，常常忽视环境的承受力；旅游业不发达地区为满足基本生活需要而不恰当利用旅游资源和环境要素。据某些学者研究，最富裕和最贫困的旅游地区比居中的旅游地区对环境造成的损害更大。这表明旅游业两极分化越大，环境破坏和恶化趋势越严重。为了克服贫富差异所带来的旅游弱持续性影响，重点抓住贫、富两类旅游区，一同步入旅游可持续发展的轨道则成为旅游业可持续发展的第二个基本目标。在实施过程中，富裕地区要重点评价其旅游环境承载力指标，贫困地区要重点评价其旅游资源和劳务利用水平指标。

规范化和科学化旅游生态的持续性评价系统。旅游生态持续性的关键评估标准包括四个方面：旅游环境质量评价指标的科学性、旅游开发地域的最小安全标准、可接受的旅游风险情况以及旅游目的地生态发育的空间要求。这些评价指标体系在某种程度上反映了旅游目的地的物质和能量的输入、输出程度，以及环境系统协调干扰的极限。若输入与输出的物质与能量超出限制范围，将对环境产生负面影响，危及旅游业。然而，现代科技在一定程度上可以被运用来改变这些流量，以满足现代和未来人们对旅游资源、环境保护和废物处理的需求。所以，维护旅游环境，保护健康的生态系统，也就是保障生态系统的持续性是实现旅游业可持续发展的第三个基本目标。

为了促进旅游产业向资源效益型转型，可以在旅游企业管理层面引入系统的旅游资本价值和市场机制，并向旅游资源征收资本转移费和折旧费，以最大程度地推动旅游产业的发展，这是旅游业可持续发展需要实现的第四个基本目标。

二、文化旅游可持续开发的必要性和原则

文化旅游是一种旅游形式，它以文化作为主要消费产品，旅游者可以欣赏到美丽的景观、体验深厚的文化内涵，并在此过程中获得愉悦的体验。是否能够充分利用这些旅游资源并且保护它们的长期可持续性，关键在于开发者是否具备可持续发展的观念。我们需要充分利用旅游文化资源的潜力，推出独具特色的产品，同时也要谨慎使用资源，以免对环境造成损害或改变原有的历史面貌。需要考虑满足现代人文化旅游需求的同时，不影响后代人在自身旅游能力发展方面的需求。

（一）文化旅游可持续开发的必要性

目前，旅游活动正在从观光游览型朝着知识型度假转变，正因为如此，文化旅游成为一种受欢迎的选择。文化旅游的开发热度日趋高涨，并具有广阔的市场前景。我们正在转变为可持续利用的经营方式，逐渐取代过去粗放的经营方式。可持续开发具有以下几个方面的益处。

1. 保护并发展民族特色文化

随着旅游活动的蓬勃开展，东道主地区濒临失传的传统习俗与文化活动得以开发和回归，同时，手工艺品、音乐、舞蹈、戏剧以及体育等传统文化得到了重新重视和挖掘，历史悠久的建筑也得到了维护和管理。这些文化遗产得到了复苏，成为东道主地区独有的文化资源。它们不仅吸引了外地旅游者，增加了当地的收入，还展示了当地的民族文化。

但这种做法并非有益无弊的，有些旅游胜地尝到了旅游作为一种低投入、高产出行业的甜头之后，开始无限度利用旅游资源。一些民俗活动成了为接待旅游者而随时均可搬上“舞台”的商品，一些粗制滥造的工艺纪念品流通于市场，对文化旅游资源任意修建，而破坏了原有的价值。种种行为产生的恶果促使我们反省，并力求找到解决办法。

可持续开发旅游目的地的基本理念是在保护文化资源、遵守承载能力原则的基础上，展现旅游目的地的地方特色，将其包装后在市场上推广。这种开发方式在保留原貌的同时吸引了旅游者，带来了经济和社会双重效益。例如，湖北省开发鄂西南土家风情游，把土家儿女的歌舞、婚俗等地方特色习俗设计成参与性节目，邀请旅游者亲身感受节目，力求尊重民俗，避免低级趣味，形式多种多样，保证纪念品质量。试想当客人跳完土家摆手舞，吃过风味烤羊肉，“娶了土家新

娘”，获赠土家香袋之余，一定会对土家风情念念不忘，土家民族文化也由此得到广泛传播。

2. 使资源利用与环境保护形成有机整体

资源和环境的平衡和谐对于可持续发展至关重要。人们在利用自然资源时已经认识到这一点，并提出了生态旅游的理念。在开发文化旅游时，同样需要注意这个问题。如今，游客欣赏的文化风景不仅限于唐诗宋词、寺庙园林等传统景观，还可以体验许多展现地方文化特色的活动，如烧香祈福、游览古街等。这些活动为游客的旅行增添了更加亮丽的色彩。例如，武汉东湖风景区内楚城、楚市的开发展示了楚建筑的特点和楚人的习俗，为游客在荆楚大地上了解楚文化创造了有利条件。想要达到这种效果的前提是开发与环境相协调，

如果不考虑生态系统和文化背景，就可能盲目地开发和建设，从而破坏生态平衡。或者为了扩大影响范围，随意加设辅助设施，从而损害资源的本质特征。此外，在迎接游客方面，白色污染和乱涂乱刻等行为也可能对环境构成严重的危害。解决这些问题需要我们坚持可持续开发，同时平衡长期和短期利益，将资源利用和环境保护融为一体。

3. 缓解旅游目的地居民压力

在粗放经营的情况下，旅游业的特点是盲目扩张导致热门景点拥挤不堪，而偏远景区则出现冷冷清清，游客罕至的现象。一些地区拥有丰富的资源，但由于缺乏足够的开发力度和相应的基础设施，这些资源未能得到合理的利用，并未受到广泛的关注。一些地方因旅游企业的炒作而声名鹊起，吸引了大量游客，但由于过度拥挤，导致游客体验不佳。旅游业的繁荣可以为许多地区带来益处：随着游客数量的增加，也随之出现了消费增长，从而激发了当地经济的发展潜力。正因为如此，旅游业才能跃升为许多发展中国家的支柱产业。

与此同时，许多旅游景点的居民刚沉浸在旅游业发展带来的益处之中，就感受到了旅游业带来的消极影响。这些消极影响包括消费市场的扩大导致物价上涨，以及来访游客数量过多给自身生活带来的压力。因此，需要持续推行可持续发展，以缓解居民压力。

在开发文化旅游过程中，通过精心策划主题，合理安排景点，用引人注目的热门景点来吸引游客前来探索那些受众范围较小的景点。通过对行业部门进行调整和确定新的开发方向，可以保护文化旅游资源，同时缓解热门旅游目的地居民所受的压力。

4. 完善旅游企业管理机制

文化旅游已成为旅游业发展的方向，尤其在中国，发展前景广阔。当面对新的挑战时，应用可持续发展的理念，推动旅游企业在经营方面做出调整，注重方法的灵活性、有效性，同时遵循量力而行的原则，以此来吸引回头客。通过提供出色的服务质量，赢得人们的信任并夺取市场。

（二）文化旅游的可持续开发原则

我们从可持续开发这个角度强调应注意的问题，重在文化旅游产品生命周期的延续及其与环境的协调发展。

1. 把握正确的文化导向

要开发某一文化资源，必须先进行区域文化研究，以确保掌握所在区域的资源，并避免在推动旅游业发展时盲目改变原有景观。增添许多新设施，本想增色，结果却适得其反，使景观失去文化氛围，进而导致环境与已确定的文化主题无法协调。有些地方因为过分强调历史遗迹的真实性而造成了与周围环境脱节、不协调的现象。

开发资源的目标是同时满足多方面的需求，并在开发过程中明确文化主题的定位和发展方向，以不断增强其价值和影响力，而非减损或贬损。只有遵循这种原则，才能确保开发出的产品持续受到人们的认可，从而造福子孙后代。

2. 开发多样化文化旅游产品

通过挖掘文化内涵，创造出带有创新特点的产品，才能满足多样化的需求。这种做法不仅可以最大限度地利用各种资源，还能提高产品的韧性。例如，近年来的都市旅游、乡村旅游、观足球赛之旅等就是以人们感兴趣的文化内容为主线组织的旅游线路；再如，世界之窗、锦绣中华、三峡缩微景观等旅游点，也是依据文化特色和人们求全的心理开发的景点。这些新型旅游点的出现及成功的例子告诉我们，文化旅游的市场前景广阔，只要有创新视角，多元形式，积极探索传统文化内涵，利用丰富的资源，将可以不断开发出新的产品。

3. 注重民俗文化和科学知识的有机结合

这里的讨论并不是要用现代设施替代传统项目，而是将两者的优点结合起来，舍弃不好的部分，然后进行完善。这样做的结果是使旅游项目更有品质，更容易受人欢迎。目前有些文化旅游资源开发状况不尽如人意，有的宗教旅游目的地上山之后一路只是朝拜之所，到处烧香拜佛，让游客感到单调乏味。

在可持续开发过程中，需要强调产品的长期性。除此之外，我们在文化旅游开发过程中，应用现代科技手段来丰富文化精神活动，如游览电影院时当场为游客拍摄电影片段，既让其充分领略当演员的滋味，又了解了拍电影的技巧，使游客兴致高涨。运用科学知识于旅游开发中，将为游客带来无限趣味，提升旅游开发水平，同时提高旅游资源的活力。

4. 不超越旅游资源的环境承载力

在开发文化旅游资源时，需要平衡经济效益与环境承载力。必须确保不会对当地的生态环境和自然资源造成破坏，并调研景区是否超载等问题，妥善应对，这是延长资源使用寿命的关键。

5. 提高旅游从业人员素质

俗话说，看景不如听景。一位好的导游人员对游客充分领略景物的意境起着至关重要的作用，文化旅游资源的欣赏更是需要导游人员的引导。实际旅游中，尤其是旺季，有些不规范导游人员的主要工作是带客购物，而游览却成了附属产物，这个问题造成许多游客不愿随团旅行。长此以往，旅游企业的前景可想而知。开发文化旅游中硬件建设固然很重要，但软件建设即旅游从业人员的素质教育、培训也是不容忽视的。业务过硬、敬岗爱业的导游人员才会充满激情地将景物的美、文化的精髓传递给游客，使其领略到旅游的美好，从而信任旅游企业。

6. 加强旅游市场管理

粗放式的经营使每个企业都只顾自身的短期利益，可持续发展则是在与环境和谐相处的背景下合理利用资源。实现文化旅游可持续开发不是一个单位、一个企业能做好的事情，它需要有一个规范经营和正当竞争的旅游市场环境。在这种环境里，旅游企业都具备可持续发展思想，不盲目开发、随意破坏环境，能从长远角度选择开发方向；旅游行业管理部门要调研旅游信息，对旅游市场发展趋势进行预测，为旅游企业的开发、经营做好后勤工作。各旅游单位致力于整体开发当地“特产”、有计划地宣传并组织出外旅游，使旅游市场做到淡季不淡，使资源开发真正适应市场的需要。

第二节　可持续发展文化旅游资源的保护

随着全球旅游业的快速发展，文化旅游资源的保护与可持续利用成为一个非常重要的话题。文化旅游资源以其独特的历史、文化和自然景观吸引着大量的游客，然而，如果不加以保护和合理利用，这些资源将面临严重的破坏和消失的危险。因此，本节将探讨文化旅游资源的保护与可持续利用的重要性，并指出了具体的途径。

一、文化旅游资源概述

（一）文化旅游资源的构成

文化旅游是一种以旅游文化为消费产品的活动，参与者通过欣赏艺术和回顾历史，获得全面的文化和精神享受。其范围包括历史文化旅游、建筑文化旅游、园林文化旅游、民俗文化旅游、饮食文化旅游等诸多方面。也就是指人文旅游资源中的绝大部分，有形的如名胜古迹、文化设施、文化商品等，无形的则有各式各样的风土人情、历史事件和文化传说等。

一直以来，文化旅游资源是我国旅游资源的一部分，而且是最有持久力的一部分。随着人们对旅游认识的提高，必将导致人们对旅游需求层次的提高，因而文化旅游资源的重要地位也更加明显了。我国是一个历史悠久、民族众多的文明国家，五千多年来的文化全部能在文化旅游资源中找到载体，因此，在今天的中国，名胜古迹源远流长，历史文物不计其数，风土人情奇特各异，而这些都以一股奇特的魅力吸引着世界各地的旅游者，他们对于中国古老文化的探究造就了中国旅游业的繁荣。因此，延续这种吸引力的任务也就落到对文化旅游资源的保护上了。在我国，对文化旅游资源的保护也就是对它的构成要素的保护，包括文化遗址、历史名城、古代建筑、古典园林、帝王陵墓、宗教圣地、雕刻艺术、博物馆、革命旧址、现代建设、民俗风情、工艺美术、名菜佳肴等。

（二）文化资源与旅游之间的关系

我们可以这样认为，文化资源与旅游是相互依存、相辅相成的。首先，在旅游业中，文化资源扮演着至关重要的角色，为旅游发展提供了不可或缺的资源支撑。其次，文化资源可以为旅游者提供更多元化的旅游体验，对于旅游业的深度开发至关重要。再次，文化资源的保护是旅游发展的基础之一，同时旅游业的发展也有助于促进文化资源的保护。

1. 文化资源是旅游资源的重要组成部分

从旅游业这个概念提出之日起，旅游资源便被分为自然旅游资源和人文旅游资源两部分。从文化旅游资源的构成来看，它占据了人文旅游资源的绝大部分，是人类历史文化发展的结晶，是聚居在不同自然环境中的不同民族，在漫长的人类历史过程中，形成的各自不同的文学艺术、民族语言等人类美的体现。因此，文化资源在旅游资源中占有极为重要的地位。

旅游业自 20 世纪 80 年代在我国突飞猛进之后，我国对旅游的研究力度也大为提高，旅游一直是一种融多种产业于一体的交叉性、边缘性产业。随着人们生活水平的提高，对旅游的认识和需求也大不一样，在现阶段，对旅游的划分最为流行的是分为三个层次：

第一，基本层次——观赏性游山看水。

第二，提高层次——居中性动静结合。

第三，发展层次——旅游者成为其过程的一部分。

这就意味着随着人们对旅游认识的提高，人们要求旅游所达到的效果也相应提高。从看的角度走向体验，进而走向体悟的层次。毫无疑问，对于中国的传统来说，最具有感召力、吸引力和有层次的资源一定非文化旅游资源莫属，文化资源所具有的特性、价值和作用共同决定了这点。吸引力是评价旅游资源的基本标准。资源的吸引力取决于其内容和特色的影响力。如果资源内容更加丰富，特色更加鲜明，将会引起更广泛的关注，并更容易受到旅游者的青睐。它促使人们在感叹自然界神奇的基础上发现人类的智慧，发现人类用自己的智慧创造出的美，从而在此基础上更加深刻地认识自我、反省自我和创造自我。旅游业长期的发展证明：对于旅游资源的开发，能延长其生命周期的主要因素要首推其文化内涵，而文化资源正是以其直观形象性、历史真实性、社会典型性和不可再生性的基本特征及其所具有的历史价值、艺术价值和科学价值强烈地吸引着众多的旅游者。

文化资源是人类发展遗留下来的痕迹。世界之大，民族各异，种族之分，不同聚居区的不同风俗，使文化旅游资源在世界的范围内丰富多彩。不同文化领域、不同的民族、不同的国家所创造的文化内容之丰富、品种之繁多、时间跨度之长是不言而喻，因而文化资源往往融古、奇、特、珍、稀、美于一体，构成了强大的诱惑力。这也正是文化资源在旅游业中独放异彩的原因所在，也是文化资源本身的珍贵之处。例如，有世界奇迹之称的古长城，经过两千多年的洗礼，在古长城蜿蜒起伏的城墙之内，包容了多少的文化往事，有多少英雄的热血洒向了这古老的城墙；而在这险峻的城墙中，又蕴含了多少中国古老的文化和我们祖先无穷的智慧，它的路线的设计、雄踞山头的姿态无一不显示中国这个古老的民族在几千年前已经在建筑、军事以及设计上有了卓越的成就。经过几千年的风风雨雨，它依然在塞外的山头向世界展示着中华民族的不屈与伟大。

文化资源除了对一般旅游者具有吸引力，对诸多的专家也有独特的魅力，因为它还具有史料作用、科技文化艺术发展的借鉴作用和民族传统教育作用。武汉的大学生学习《社会主义建设》时会去参观红楼、施洋烈士墓等，这种实地的文化教育无一不对我国下一代的成长予以深刻的指引。

另外，我国的旅游资源从整体上来说本身便具有古老、珍奇、丰富、壮丽、秀美等特点，而这些特点都能从文化旅游资源中得到充分的体现。我国历史悠久，文化源远流长，从而形成旅游资源历史古老的特色。例如，170 万年前的元谋人，6000 年前的半坡遗址，而此后更是层出不穷。后代的古建筑、古园林、古字画、古工艺制品等，更是不胜枚举。

人类总是遵循美的规律创造各种物品，无论时代如何变迁，我国文化的美是不可磨灭的。长城的雄壮美，园林的古典美，青铜玉器以及丝织品的匠心美，无一不是从材料、制作、造型工艺、装饰、用途、流传经过等各个方面显示我国文化资源独一无二的吸引力。这些文化旅游资源成为我国在国际旅游市场具有强大竞争力的重要源泉。

2. 文化旅游资源具有重要的旅游价值

在旅游资源的开发中，评价某一资源是否值得开发，首先便是对旅游资源的价值进行评价。在此评价中，旅游资源的文化性、历史性占有极大的比重，这说明在旅游资源中，其文化内涵决定资源是否具有开发价值。

首先，旅游的重要目的之一便是探究其文化的差异性。根据马斯洛（Maslow）的需求层次理论，人的本能中便有追求差异、满足好奇的心理。例如，居住在平原地区的人渴望见到大山，居住在沙漠地区的人渴望水乡，总认为点头表示对的人对于点头表示错的民族充满惊讶与叹服。

世界上有四大文明发源区，有数不清的民族方言与民族习惯，而这种种不同给予了人们极大的想象空间，在想象的延伸中便产生了体验这种不同的欲望。在旅游的产生初期便体现了这种倾向，如文人漫游、帝王巡游以及僧人求游等。这便是一种对不同地域、不同情感、不同格调的文化追求。

其次，说到旅游的历史，一般应追溯到 1840 年托马斯·库克（Thoms Cook）组织一批人参加的禁酒运动。它带有鲜明的目的性，而这种目的性又是与当时英国的文化倾向相辅相成的，反映的是当时英国人的一种价值观，而随后组织的种种旅游，如参加宗教活动，或者考察等也都具有鲜明的文化色彩。

近年来，我国旅游业发展势头较猛，也出现了不少新兴的旅游产品，如以海洋旅游为主的蓝色旅游以及以森林为主的绿色旅游，还有诸如主题公园等。但就北京来说，其具代表性的景点仍然是故宫、长城、颐和园等，因为它们不仅是中国历史的浓缩，更是中国文化的浓缩，它们本身便承载了中华几千年的文明。

再次，旅游本身便是一种文化活动。旅游是一种较高层次的休闲方式，它的起源是因为怀有一定目的的人们离开自己的长居地，而这个目的除了商务，一般是传学、传道，除此之外便是增加见识、开阔眼界、体验异域风情、探究他族文化，或者是散心、疗养等。但无论是哪一种目的，都可以说是一种文化性质的活动，在旅游的过程中，有许多值得推敲与研究的地方。

最后，旅游有助于陶冶情操、启发思维。在旅游中，人们接触到不同生活圈子里的新鲜的人和事，往往能获得新的体验与启示。从这种意义上来说，旅游是一种带有主动性与激发性的活动，隶属于文化的范畴。旅游与文化的融合便出现了文化旅游这一称谓。

3. 文化旅游资源为旅游者提供较高层次的享受

旅游是人类追求美好生活和美好事物的行为，它是一种高于基本生存需求的高层次需求，也就是满足审美需求的一种活动。这意味着旅游资源包含美学元素，可以带给人们身心或感官上的美妙体验。文化旅游资源以其特有的艺术吸引力，为人们提供丰富多彩、全面立体的美学体验，是推进高品质旅游、深化旅游活动的关键资源。在文化旅游资源的构成中提到它包含有形与无形的资源，这决定了对于文化旅游资源美的体验需从感官与身心两方面来把握。

（1）形态美

我们说流传下来的文化旅游资源是使人们体悟到美的那一部分，存留下来的实物文化旅游资源都是当时美的最高境界，它要么体现王者风范的雄壮美，要么体现诗情画意的情感美，具有美的造型，美的思维与美的文字。例如，造型稳重、花纹规则、刻镂细腻的青铜器给人以端庄、凝重的美感；陶瓷器、木雕制品集珍禽异兽为一体来造型，给人以奇特的美感；千姿百态的木俑、陶俑、瓷俑、石俑，或给人以俊美之感，或给人以威严之美感，抑或给人以灵巧之美感，抑或给人以庄重之美感；又如流传至今的景泰蓝，它的造型、花纹以及独特的纹理都有着极为浓重的文化美感。

（2）色彩美

这也是与中国传统的审美观相关联的，同时也是与色彩特定的意义相联系的，色彩的调配、用彩的深浅都体现色彩的独特美。青铜器的斑斓秀色给人以古色古香之美感；釉色晶莹的陶器给人以美不胜收的华丽感；青蓝翠绿的玉器令人爱不释手；色彩丰富、冷暖相宜、浓淡适度的古画令人赏心悦目；而古代建筑的红墙绿瓦，则给人以深重庄严之感。

（3）工艺美

我国古代的建筑、园林甚至古墓葬等文化旅游实物的造型、装饰、花纹以及整体结构等都体现着工匠的创作灵感和技艺，是人类智慧的结晶，能给人以科学技术、工艺方面美的享受，使人敬仰、信服，并激起人们探索、以期达到如此境地的欲望，从而使人们得到知识的熏陶。

（4）时代美

文化的个性是时代赋予的，其所承载的是不同时期文化的沉淀。从文化旅游资源中人们可以了解到当时的环境与历史，并由此探索不同时期文化的内蕴，回味其中蕴藏的故事和人物，以获得访古、寻踪等高层次旅游需要的满足。

（5）意境美

文化是时代的沉淀，是人类活动的产物，无一不体现着人类的思想情感和智慧。通过文化旅游资源人们可以获得社会各方面的知识，并且对其所反映的人和社会、环境、群体之间的内在联系进行理性的思考和联想，从而获得高层次的精神享受。例如，明十三陵是按园林的构建设置的，由于是帝王的陵墓更体现了一种权威与尊严，每一株树，每一条通路都有特定的意味，越是体会，越是能给予内心一种感悟。又如2400多年前的曾侯乙编钟就能同时从形态、色彩、声音、工艺、时代、意境等方面给人以综合美、和谐美的享受。这套编钟共65件，还有相匹配的编磬，五个半八度，每件钟都能发出两个乐音，至今仍能演奏古今中外的许多乐曲，如香港回归时，便是用编钟在天安门广场演奏了交响乐《天地人》。同时，此套世界上独一无二的编钟也表明了我国在音乐史上的巨大成就，而它的制作之精、音律之美、音域之广、音色之好、构件和演奏工具之合、铭文篇幅之大、论述之详、更表明它是乐器史上的罕见之作、乐律学的不朽典籍、青铜铸造史上的奇迹、工艺美术史上的佳品、科学研究的珍贵资料。它集中体现了我国文化旅游资源古老、珍奇、丰富、美丽的特色，堪称举世无双的佳作。

正因为文化旅游资源展示给人们的是这样一种兼顾各个方面的综合性的和谐美，所以人们能获得各种美的享受。这除了在感官上所享受到的直观美，还包含着主体对美的鉴别和评判，体现着主体较高的文化知识素养。没有具备美的性质的对象，不能形成实际的审美活动；然而，缺乏审美能力的主体，即对美的对象熟视无睹，同样不能构成实际的美的鉴赏活动。正是这种文化旅游资源提供了高层次审美的客体，它是旅游向高层次发展的必备条件。

二、文化旅游资源的保护与可持续发展

文化旅游资源的保护与可持续发展是需要我们重视和关注的问题。通过科学合理的保护和利用措施，可以实现文化的传承和发展，同时也可以推动旅游业的可持续发展，促进经济繁荣和社会进步。各级政府、旅游从业者和公众应当共同努力，为文化旅游资源的保护与可持续发展贡献自己的力量。

（一）文化旅游资源保护与可持续发展的关系

近年来，文化旅游业变得越来越受到人们的重视。随着社会经济的发展和人们对休闲度假需求的增加，各种类型的旅游景点如雨后春笋般涌现。然而，随之而来的问题是如何保护并促进文化遗产的可持续发展。现今全球普遍认为，在发展文化旅游业的同时，必须将其与文化旅游资源保护紧密结合，实现可持续发展。

1. 文化旅游资源保护与文化旅游资源可持续发展

文化旅游可持续发展可促进文化旅游资源的保护。文化旅游资源是人文旅游资源的重要组成部分，它除了科研的价值之外，在旅游业中只有在可持续开发利用之后才能体现，因此文化旅游资源面临着可持续开发的问题。但是它的珍贵与奇特导致可持续开发利用的困难，因此在文化旅游资源的可持续开发问题上尤其是涉及文物的旅游资源上便存在着争议，主要有两种倾向：一种是强调维护，认为珍贵的文化旅游资源应该珍藏于库中，不能随便看，随便摸，甚至反对展示原件；另一种是强调开发利用，认为我国文物丰富多彩，把它开发出来让世界了解、认识，还可以创收创汇，如果把它藏起来，不让人看，作用将无法得到发挥。这两种观点都有些偏激。其实二者是辩证统一的，把二者有效地结合起来，让可持续利用促进保护，保护为了可持续利用，便可以达到熊掌与鱼兼得的效果。

要阐明保护资源与可持续开发利用的辩证关系，首先必须正确理解旅游资源的开发利用的含义。对文化旅游资源的可持续开发利用并非把它摆出来，不加理会，更不是把珍贵而古老的文物出卖，这里的可持续开发是指从文化旅游资源中开发出旅游产品，开发利用文化资源的旅游价值，用科学的手段和方法使文化资源自身的价值为旅游所实现。例如，复制出全套曾侯乙编钟，建起编钟博物馆，既陈列又演奏，同时还可以对游客开放，欢迎他们参与其间的娱乐活动，虽是隔

世，却身临其境，而且获得对中华古文明可看、可听、可感的美的享受，这便是对编钟的旅游价值的利用。

其次，我们还必须摆正保护与可持续开发的位置。我国现存的文化旅游资源，无论是实体的还是无形的，由于年代久远以及种种自然和人为的原因，都有失真的部分。而且部分实体文化旅游资源由于长年风雨的侵蚀，面临的不是保护的问题，而是挽救的问题。如各种各样的遗址、墓葬，很可能由于年久失修而失去原样，还有一些镌刻的墓碑由于自然的老化而无法辨认。最为有名的是山西云冈石窟，由于长期风蚀和后山石壁的渗水浸泡，部分洞窟的外檐裂塌，有些雕像已被风化，造成部分雕像断头缺臂，面目模糊。原有的53个洞窟只有16个能供游人参观，其余都由于严重损毁被迫关闭。除了自然损毁之外，它们还遭受着人为的破坏，如盗窃、刻画、涂抹、暴力损伤等。要使文化旅游资源可持续发展，一定要做好保护工作，尤其是濒危文物，若被损毁了可能就是永久性地失去了，要强调“保护为主、抢救第一”的原则。

最后，我们也必须认识到科学合理地可持续开发利用对有效保护文化旅游资源的积极作用。文化旅游资源只有被可持续地开发利用才能突出其不凡的价值，而这种价值在经济上的明显增值是最为直观的。既然这是生财之道，人们对其保护的力度也需相应增加；同时也只有在经济价值上有所获之后，才有能力很好地维护。实践证明，合理、适度、科学地可持续开发利用不仅不妨碍保护，而且有利于保护，且是一种积极的保护。秦始皇兵马俑坑的发掘与对外开放，就是一个将保护与开发利用有机结合的成功实例，对它的成功开发利用取得了很好的社会效益和经济效益，不仅能利用它现有的实物对人们进行爱国主义教育和科学文化知识教育，而且能增强人们的文化资源保护意识，还能为其保护提供资金保障，从而有力地促进文化旅游资源的保护。

总之，文化旅游资源的保护是人类本身、旅游本身发展的需要，我们必须从多个方面充分地认识这个问题，并且在此基础上形成完善的资源保护体系，以便在保护文化旅游资源的前提下更充分地体现出其卓越的旅游价值。

2. 文化旅游资源保护与文化遗产可持续发展

自70年代以来，随着人类对环境保护认识的提高以及对于文化遗产多方面用途及功能的研究，旅游资源的建设与维护、可持续开放与保护便被提上了日程。

1972年，联合国教育、科学及文化组织大会第十七届会议在巴黎通过了《保护世界文化和自然遗产公约》这一重要文件，我国有包括黄果树瀑布在内的六项遗产列入了此公约，这也表明了世界对于文化遗产的重视，给人们敲响了警钟。在前面多次强调过，历史是发展的，任何一种曾经出现过的事情经过历史的沉淀都成了过去，不可能重复，尤其是中国五千多年的文明，它是给予今天的可持续发展的参考，也是人类追溯自己本源的珍贵资料。

在我国历史上，有许多卓越的文化成就，如四大发明、万里长城、唐诗宋词、诗意婉约的古典园林等，都是独一无二的，为世界所瞩目，是中国传统的东方文化。随着时间的推移，观念的改变，国际化的加剧，这种纯东方的东西越来越少，这便要求我们更加小心地保护这些文化遗产。

3. 文化旅游资源保护与文化旅游可持续发展

旅游业能得以可持续发展的三大支柱是旅游者、旅游交通和旅游资源，旅游资源更是旅游之本，少了旅游资源，可持续发展旅游只是空谈。而文化旅游资源作为旅游资源的一个重要部分，保护它是理所当然的。越是民族的越是世界的，在世界旅游业可持续发展中，中国之所以能占据重要地位，在于它的东方色彩。正是这种东方文化吸引了世界各地数以万计的人来中国参观，而只有保护这种鲜明特色的东方旅游资源，才能使我国旅游鲜明的个性长久保持。

旅游资源的可持续开发中便有要突出资源的个性一条，它强调一种以奇为美、以少为特、以别具一格为点的情调，是针对人们对于新奇事物的好奇心而巧妙设计的。物以稀为贵，从这个意义来说，保护我国的文化旅游资源更是刻不容缓。

旅游的可持续发展是一种精神的修养，旅游业也只有在打动人的游览中才能更加地深入人心，因此，根据旅游业本身发展的需要，我们必须在旅游资源的实体之外赋予精神，才能令它大放异彩，不被市场竞争所淘汰。而更加可以说明这点的是旅游者出游的本身便带有放松心情、享受生活的目的，只有弄清这一点，并且将其贯穿于旅游资源开发过程中，才能令旅游者回味无穷，流连忘返。

4. 文化旅游资源保护与旅游者可持续发展

对旅游市场来说，根据旅游者年龄的不同，可以分为老年旅游者、中年旅游者、青少年旅游者以及儿童旅游者。儿童旅游者追求花样百出的迪士尼世界，青少年旅游者喜欢冒险、蹦极以及新鲜世界，而中年以及老年旅游者却因自己本身拥有人生的一段历史，心中生出了许多感悟，仅限于感官上的旅游资源已不能满足他们，他们已经学会从旅游中来充实、提高自己，也从中体悟生命，体验人生。针对不同年龄层次的旅游者，对文化旅游资源的维护更是必不可少。

回到小范围中来说，老年旅游者因为阅历丰富，对世界的认识较为深刻，文化旅游资源的文化内蕴才能令他们感悟更加深刻。

（二）文化旅游资源保护存在的问题

文化旅游资源保护的重要性从理论上到实践上都具有重要价值，但是仔细地观察我们周围的文化旅游资源，在政府及相关部门的监督下，虽然对其保护取得了一些成效，但仍有待加强。为什么会出现这种偏颇呢？主要有如下原因。

1. 文化旅游资源分布不均衡

我国自古以来地广物博，但是整体的发展并不一致，而且由于近些年经济的发展造成了沿海与内地、东部与西部之间的差异，经济的差异同时也引发了人的教育、素质各个方面的差异。

纵观我国的文化旅游资源，最丰富的地区当数六大古都（西安、洛阳、南京、北京、开封、杭州）了。由于在历史上它们曾是全国最高权力所在地，受到历代帝王的重视，无论是从财力还是从人力上都给予了极大的支持，对它们进行保护的效果较好，同时开发也较早，旅游价值较高。所以说，开发促进保护，保护又便于开发，形成良性循环。但是也有许多文化旅游资源地处穷乡僻壤，当地人最大的需要便是生存需要，若不能满足人的生存及安全的需要，对其文化旅游资源的保护利用只能是说说而已。同时，文化旅游资源的保护需要许多特殊的工艺，如复古等都需要工匠巧妙的技艺及相应的物料，若地处不发达的地区，相应的供给也无法跟上。当然，由于这种地域的差异造就了保护的不便只是一种客观的理由，值得庆幸的是我国重要的文化旅游资源有相应的集中性，这便在很大程度上解决了这种由于地域分布而造成的麻烦。但这只是相对而言，例如，我国文化旅游资源中很大一部分是民俗文化旅游资源，由于我国民族分布的不集中性导致了民族风俗的弱化。

地域分布的不同与旅游的特色又是紧密结合的，正因为地域的不同造成了文化资源的个性。但这种独特的地域性导致当地人们对于这种特色习以为常而不加保护，因为每个人都有一种“这山看着那山高”的心理，而又没有相关的知识对这种心理加以正确的引导，故造成很多盲目性，可能引进的只是大众化的东西，而除去的却是本地特有的、世界上稀有的东西。因此，我国资源分布的广泛性带来了相应的弊病。

2. 对文化旅游资源认识的不足

我国的文化旅游资源遍布全国各地，而中国有近14亿人，在这些人中还有20%～30%是农民，所以人们对文化旅游资源的重要性的认识就有比较大的差距。对于大众而言，如果没有意识到其重要性，就可能会无意识地对其造成破坏，只有认识到其价值才能加以保护。敦煌莫高窟内珍贵的文物价值非凡，然而在开发之前，许多西方考古学家曾历尽千辛万苦前往敦煌寻宝。当时，对敦煌的文物并未做出更好的保护措施，即使是几枚硬币也足以换得无价的文物。这固然是由于当时我国文物保护单位保护力度的不够，但也与当地居民素质的较低分不开。我国的文化旅游资源尤其是珍贵的古文化资源部分具有不可再生的特点，若没有有效的保护措施，失去的不仅是财富，更是历史的线索，历史的见证。

近年来，我国经济的发展有了很大起色，但是相应的人们的素质仍待提高。我们只有在走向世界的同时强调民族的特色，才会让世界看到一个别具一格的中国；也只有深刻地认识到文化旅游资源的重要性，才能为子孙保存好人类发展的足迹。

总之，只有扎扎实实地培养出一批文化旅游资源保护的骨干，加强教育宣传，提高人们的认识水平，才能做到人人有心、人人保护，从而加强对我国文化旅游资源保护的力度。

3. 经济发展带来一些负面影响

文化旅游资源具有珍、奇、特、贵、稀等特点，能带来一定的经济效益。自改革开放以来，由于受到西方国家经济观念的影响，部分人的头脑里形成了一种视金钱为一切的思维误区。近年来，偷盗、贩卖、走私文物的情况仍有发生，他们贪图眼前的财势，不顾国家的利益，铤而走险。

此外，有些旅游开发商缺乏远见，仅关注短期效益，在开发过程中忽略文化资源的保护，导致游客过多，超出资源承受力的范围，从而提早消耗了资源。

虽然文化旅游开发的目的是追求经济效益，但是必须建立在可持续发展的基础上，否则最终吃亏的是旅游开发商自己。

中国是一个古老的民族，有着繁多的文化资源，一路走来，我们的祖先留下了丰富的遗产，但是这些遗产也并非取之不竭，如果不加以保护，只为当前的小利而盲目地发掘，最终会令自己沦为历史的罪人。经济效益是要兼顾，但社会效益与环境效益也不能忽视。

4. 产权不明晰，开发迟缓、保护无力

关于产权，主要集中在它的界定上，无论是马克思主义的产权理论，还是西方产权理论，以下三点是共同的：

首先，产权具有排他性（在我国不存在对财产所有权的排他）。其次，产权是由多种权利组成的束，可以分解开来。最后，产权的涵义还包括与行为相关的方面。

一旦以上三点得到明确，我们就能相对清晰地了解我国旅游资源的产权状况。我国文化旅游资源的产权不明晰，主要由两个原因造成。第一是多年来所有权和经营权混淆不清，即未将产权作为一组权利束来理解，这导致产权主体之间的权能和利益不明确，无法有效行使和实现。第二是行为性的模糊，其主要表现为中央与地方之间以及其他相关实体之间缺乏清晰的产权定义，这直接与排他性相矛盾，从而导致资源配置效率低下。因为产权界定不明确，导致我国旅游资源管理产生严重问题，并直接影响着全国旅游资源的保护。

我国目前的资源管理体制存在着一些问题。这个体制下，国家集中行使管理和利用资源的权力，往往会影响到多个主体的利益。这驱使资源配置以行政方式进行，使用者通常无偿使用资源，而资源保护成为一纸空文。因此，在实际使用过程中，资源的开发者通常是最终受益者，而资源所有者则未能从中获得应有的收益。由于资源开发者追求最大利益，导致社会利益与个人利益出现了偏离，以及资源开发过度和保护不力的局面。结合文化旅游资源的特性不难看出，这种开发无疑造成了资源的破坏。

5. 成本核算困难，以及核算方法的不确定性

对文化旅游资源的资产评估困难主要表现在以下四点：

第一，文化旅游资源包含着社会价值、文化价值、历史价值及经济价值，对前三者的价值本身便难以给予一个特定的评估标准，为其估价造成了阻碍。

第二，文化旅游资源作为一种全人类的公共财富，对它的评估必须建立在产权明确的基础上。

第三，文化旅游资源的资产评估至今还没有完善的方法、手段和模式。

第四，对文化旅游资源的价值加以界定在技术上和成本上的信息费用太高，也给它成本的核算造成了困难。因此，在某种意义上，文化旅游资源真实的价值很难反映。

除了景观设施和基础费用，旅游资源的使用成本几乎为零，这种情况鼓励了投机，使得投资者将投资旅游业视为一项高利润的活动。这种做法违反了效益与成本的基本规律，导致投资者不必从降低成本、提高效益的角度考虑资源保护问题。同时，也意味着一部分投资风险被转嫁给了国家。对投资者而言，因为文化旅游资源的成本无法在成本核算中体现，所以它被视为没有成本的资源。如果无需考虑成本，资源的耗用就不再是问题，也就没有必要进行保护了，由此造成很多资源开发者不会真正重视资源的保护。

6. 旅游市场的不完全竞争性

如果将文化旅游资源用于旅游产品开发，那么其特殊性将会反映在文化旅游产品中，这些特殊性包括无法再生、无法替代、无法转移、具有唯一性和独立性等方面。因此可以断言，一旦开发者将文化旅游资源视为产品进行开发，他们就赋予了自己对旅游产品的独占权。在完全竞争的条件下，假设生产商受市场支配的原则不再完全适用。由此，市场调节在发挥资源有效配置的作用上将受到一定的限制，我们将这种情况称为“市场失灵”。

文化旅游资源具有稀缺的特性，因此具有垄断效应。这些资源没有经过竞争阶段，而是在客观条件的基础上，通过“惰性”的方式实现了垄断。形成垄断后，旅游资源无法通过市场竞争有效分配，削弱了旅游资源开发的自由度。这不利于旅游投资方，因为他们无法用最新的方法、技术和制度来开发这些资源，同时也失去了内在利益动力去保护旅游资源。

旅游资源具有天然垄断特征，使得旅游市场处于不完全竞争的状态，且该垄断并非源于市场竞争。因此，旅游资源开发者可能会忽略资源保护问题的两个方面：一方面，当环境容量超过资源自身承载能力时，他们可能会采取扩容的措施，以期实现短期利润的最大化，这可能导致资源使用效率低下和资源的浪费。另一方面，无法通过市场机制有效地实现旅游资源的保护，因为市场机制主要是实现资源配置的。资源配置的低效或无效导致了资源利用率的降低，从而损害了资源本身。由于文化旅游市场存在不完全竞争，文化旅游资源的开发者不考虑长期利益，导致他们没有维护文化旅游产品质量的动力。

另外，在上述原因的影响下，文化旅游资源特定的形式难不受到破坏，它价值高而又没有明确的产权责任，这便给了那些投机者可乘之机。由于文化旅游资源既属于文化保护的范畴，又属于旅游开发的对象，但旅游行业中从业人员素质参差不齐，所以在经济领先的大环境下，文化旅游资源的保护会出现麻烦。而且，文化旅游资源分布广、内容多，增加了保护上的难度。所以，我们必须从各个方面入手，尽可能地加大保护的力度。

三、文化旅游资源可持续开发保护的原则和对策

针对在旅游资源保护中出现的种种问题，应该从以下方面寻找突破口，对症下药，早日形成完善的文化旅游资源开发保护体系。

（一）文化旅游资源可持续开发保护的原则

文化旅游资源属于人文旅游资源，它包括古建筑、古园林、宗教、民俗以及珍贵的古代遗址、墓葬、石窟。其中不乏奇珍异宝，有很大部分是国家文物，受我国法律保护。因此，我国文化旅游资源保护的原则是依法保护。

1. 注重效益的开发保护原则

文化旅游资源既然是旅游资源的一部分，对它的开发保护也同任何旅游资源的开发保护一样，必须注重效益性，即在它的开发与保护过程中必须注重社会效益、讲求经济效益、维护环境风貌，并把这三者有机地结合起来，使其相互促进。

在社会效益方面，文化旅游资源的保护本身就是一种社会效益的维护，它有助于人们意识到文化旅游资源的重要性及珍贵性，同时明确文化旅游资源对社会所产生的作用，这体现在以下四点。

第一，有利于爱国主义教育，有利于民族精神的培养，因为人们通过对文化旅游资源的保护，意识到我国独特的文化资源，从而更加珍爱祖国的传统文化。

第二，有利于陶冶人们的情操和提高人们自身的素质。人们需要在对文化旅游资源足够重视的基础上自觉形成保护意识，这种意识本身便是一种情操的陶冶和素质的提高。

第三，有利于完善人类发展脉络。我们对于历史的认识、对于人类自身发展的探索起因于历史文化，包括历史遗迹、墓葬、文物以及大量的书籍，只有好好地保护这些内容，才能使人类发展脉络清晰而不致中断。

第四，有助于世界的和平发展，通过对世界文化旅游资源的认识，人们会从历史的起源中发现本我，会从历史的教训中总结经验，认识到人类和平的重要性，从而停止战争，维护世界和平。

对文化旅游资源的保护并非把它隔离出来，它是一种旅游资源，实现它的经济效益才能体现它独特的价值，因此我们这里的保护也并非将资源束之高阁，而

是将保护与开发相结合，是建设中的保护、开发中的维护，是积极的保护。我们对旅游资源的保护必须从旅游资源开发之初开始实行，即在编制开发规划模式时就必须与保护相统一，而开发过程中要想办法避免破坏，并且在利用过程中要定期地检查、修缮，完成从始至终的维护。

保护文化旅游资源需要维护环境风貌。我们所有的资源都存在于一定环境中的，只有与环境相统一才能体现出文化旅游资源的价值，因此，在对旅游资源的保护过程中也需要兼顾周围环境的协调与维护。这主要体现在：维护文化旅游资源本身及其相配套的景观景物的原有环境风貌，否则也会相应降低旅游资源的价值，使社会效益与经济效益同时受损。目前，在我国的文化资源开发过程中，还存在着只顾眼前经济利益而盲目开发的短期行为，造成资源的环境风貌被破坏。因此，我们必须禁止破坏性的建设，将保护的原则贯穿始终，也只有如此，才能增强文化旅游资源的吸引力，做到社会、经济及环境效益的共赢。

2．依法保护的原则

关于我国文化旅游资源保护的法令性文件，总的来说可分为国际性质和国内性质的，其中国际性质的包括《联合国教科文组织法》《保护世界文化和自然遗产公约》《武装冲突情况下保护文化财产公约》《关于禁止和防止非法进出口文化财产和非法转让其所有权的方法的公约》等。我国是联合国教科文组织的成员国之一，也是这些文件的签署国之一，依法享有文件所规定的权利，并承担相应的义务。

《保护世界文化和自然遗产公约》（下文简称为《公约》）是世界上保护文化旅游资源的重要国际性文件，它明确指出“注意到文化遗产和自然遗产越来越受到破坏的威胁，一方面因年久腐变所致，同时变化中的社会和经济条件让情况恶化，造成更加难以对付的损害或破坏现象”“考虑到任何文化或自然遗产的损坏或丢失都有使全世界遗产枯竭的有害影响”“考虑到国家一级保护这类遗产的工作往往不很完善，原因在于这项工作需要大量手段而列为保护对象的财产的所在国却不具备充足的经济、科学和技术力量”“保护不论属于哪国人民的这类罕见且无法替代的财产，对全世界人民都很重要”“考虑到鉴于威胁这类遗产的新危险的规模和严重性，整个国际社会有责任通过提供集体性援助来参与保护具有突出的普遍价值的文化和自然遗产；这种援助尽管不能代替有关国家采取的行动，但将为它的有效补充”……《公约》在第一部分就阐明了文化与自然遗产的定义，明确规定出文化遗产的内容为文物、建筑群、遗址，而这些都属于文化旅游资源的范畴。

同时，联合国教科文组织还通过了若干建议和章程，如《关于历史地区的保护及其当代作用的建议》《关于保护景观和遗址的风貌与特性的建议》《关于保护受到公共或私人工程危害的文化财产的建议》《保护历史城镇与城区宪章》《国际文化财产保护与修复研究中心章程》等，这些相关的法律法规性文件为我国文化旅游资源提供了一个宏观的建设性建议，同时根据我国的国情，我国也出现了许多相关的法规性文件。

虽说我国关于文化旅游资源保护的力度还不够，法规也还没有形成完善的体系，但从一些纷繁复杂的法律法规中可见我国对于文化资源的重视，只是在当前国情的限制下，经济、科学及技术上都有不足之处，但总的来说，我国文化旅游资源的保护必须注意以下两点：

第一，所有的文化旅游资源受法律保护。前文提到过，我国所有的文化旅游资源是属于人民的，甚至是属于全人类的，任何个人不得以任何形式进行破坏。但是有些文化旅游资源在历史上是属于集体和私人的，如战争年代留下的革命旧址中的民房，具有文化价值的民居、私家园林、家传的古器物和书画，具有民族特色和民俗学价值的生活用品等。但是这些性质的文化旅游资源只是使用权属于私人或集体，就其精神意义来说是属于全民族共有的历史遗产，受到国家法律的保护，不得任意买卖和损毁。

第二，在文化旅游资源的保护、开发、利用中不得改变其固有的文化内涵，对珍贵的文物古迹不得改变其原状。我国《中华人民共和国文物保护法》第十四条规定，核定为文物保护单位的革命遗址、纪念建筑物、古墓葬、古建筑、石窟寺、石刻等（包括建筑物的附属物），在进行修缮、保养、迁移的时候，必须遵守不改变文物原状的原则。同时，《中华人民共和国城乡规划法》也强调，编制城市规划应当注意保护历史文化遗产、城市传统风貌、地方特色和自然景观。《风景名胜区条例》中也有类似的规定，风景名胜区内的一切景物和自然环境，必须严格保护，不得破坏和随意改变。因此，我们在开发文化旅游资源的同时，必须依法行事，保护我国文化旅游资源本身固有的价值。

3. 维护资源审美特色的原则

在文化旅游资源的特点中提及了文化旅游资源具有独特性及不可再生性，有些古建是历代美学建筑的结晶，本身便具备了种种美的性质，因此在我们的保护中也必须维护文化旅游资源特有的面貌，或者说它特有的时代美。例如，颐和园的苏州街，江南繁多的私家园林，既是现存最为独特的，又是美的、时代的产物，这也正是它真正的吸引力所在，如果不好好保护它现有的这些特点，那么它的价值也将大打折扣。又如，我国的少数民族有许多独特的风俗与文化遗产，它体现了本民族的风情和人类创造的奇特，它里面蕴含了许多独特的文化，这些本身便具备了美的吸引力。因此，我们必须尽力地保护好这种独特性，才能使我国的文化旅游资源实现可持续地发展。

（二）文化旅游资源可持续开发保护的途径

1. 普及文化旅游资源保护知识，呼吁全员保护

由于我国人口众多，地域广阔，而且文化旅游业是新兴产业，又因为国民关于文化旅游资源的认识相当有限，所以必须加强全民教育，可从以下三个方面来开展。

第一，可以在中小学的义务教育课程中增加有关文化旅游资源保护的内容，这样既能让学生增强对我国历史的了解，增加对祖国的认知，以此激发他们的爱国情感和对文化旅游资源的保护意识。中小学生的接收能力和记忆保持能力最好，因此，有必要在他们当中加强这方面的素质培养，这样才能达到治本的目的。

第二，从文化和旅游两方面入手，可以在大学中推出保护文化旅游资源的课程。一方面可以培养出专业的文化保护人才，以便加大保护文化旅游资源的力度。另一方面，该课程还可以增强未来旅游参与者的素质，达到全员参与文化旅游资源保护的效果。

第三，为了更好地保护文化旅游资源，我们需要给现有的旅游从业人员提供培训，以提升他们的保护意识。这些从业人员直接面对文化旅游资源，他们的保护文化旅游资源的行为会产生事半功倍的效果。同时，他们作为文化旅游资源和市场之间的中介，个人素质的提高也会对更多的人加入文化旅游资源保护的行列产生间接影响。

2. 实行规范管理，实现可持续开发

对资源的开发，其目的就是取得经济效益，但是经济效益或者说旅游资源是有生命周期的，要获得长久的利益必须延长其生命，克服短期的超负荷开发利用。因此，在保障我国文化旅游资源可持续开发的同时，需由专业人士严谨审查开发规划的可行性。审查过程中需坚持规范化开发，防止违规行为。为了确保可持续

发展，需要专业技术人员严格地监管并采取措施，以免对文化旅游资源的破坏。我们需要从可持续发展的角度出发，努力保护现有的文化旅游资源，这样才能让后代子孙也能够持续利用这些资源。

3. 宏观调控，打破旅游市场的不完全竞争

文化旅游资源的特殊性造就了旅游市场不通过竞争便能获得垄断的局面，表明了旅游市场的不完全竞争性，导致通过市场机制以发挥资源配置的最优状态难以实现，市场失灵。这些问题只能通过政府的宏观调控才能得到有效解决。有效干预是必要的，因为市场本身无法自我调节。

政府培育旅游市场的途径，主要通过增强旅游卖方市场的竞争性来实现。通常可通过以下两个方面来推进：首先，培育主体市场。也就是政府废除各种形式的等级和特权制度，通过公平的竞争来获得文化旅游资源的开发利用权，并且这种开发利用需要与保护有机结合起来，这也将为市场的良性竞争提供更多的机会。其次，建立文化旅游市场体系，形成多层次、多种类、多功能的市场网络体系，从而推动投资者，也刺激政府为了打破传统的优先权而深入到市场中去。

4. 明确责权利的关系，分清资源的产权

要加大文化旅游资源保护的力度，就必须明确产权。尽管我国的文化旅游资源是全人类共享的财富，需要大家共同保护，但是我们需要明确责任范围，以避免资源被荒废或无人管理的情况发生。有时少数人将公有资源视为私有财产，不愿秉持保护的原则。为了最大程度地保护资源，我们需要将责任与权力相结合，并采取严格的资源保护措施来实现这一目标。

5. 加强法制观念，用法律手段来维护

针对文化旅游资源的法律保障很多，但是知法犯法的分子也不少，因此必须加强法制观念，做到有法必依。可以从如下方面着手：首先是贯彻法律意识，让人们知法守法；其次是要编制严格的保护条例实施过程，以便法律的贯彻彻底；最后是要在法律的基础上做到定期的检修。

综上所述，文化旅游业的可持续发展与文化旅游资源保护密不可分。只有平衡发展与保护之间的关系，兼顾经济效益、环境保护和社会适应性，才能实现长期稳定的发展。政府、景区管理者、旅游者以及整个社会都需要共同努力，形成多方合力，确保文化遗产得到切实有效地保护，并在促进经济增长中为人们带来更多福祉。最终，这将为世界各地民众提供更多深入了解不同文化的机会，并促进全球各地区之间的相互理解与沟通。

第三节　可持续发展文化旅游的创造性开发

一、文化旅游创造性开发的内涵

当前，随着社会的不断发展进步，旅游业迅速崛起，并作为新兴产业呈现出多元化、全球化的发展态势，备受人们关注和追捧。旅游活动自古就有，最初是商贸往来或单纯的出行体验，后来随着旅游业发展壮大，中间商开始组织更有目的、有计划的综合性休闲活动，涵盖了饮食、住宿、交通、游玩、购物、娱乐等多方面，并经历了不断的创新和发展。

文化旅游是旅游业发展到一定水平的结果。文化旅游的创新性开发是文化旅游发展达到一定阶段的产物。

具体而言，文化旅游的创新性开发是指在对传统文化进行一定程度的挖掘和利用后，通过引入新的文化载体，抑或赋予它新的文化内涵来开展具有创新性的旅游活动。这是文化旅游方面的可持续发展的具体表现。

一方面，文化旅游的创新性开发是文化旅游开发的一部分，它是在文化旅游发展到一定阶段而必然产生的结果。就像传统文化旅游的开发，创新的文化旅游开发也需要注重文化元素，建立在一定的文化内涵和背景基础上。这可以被描述为文化旅游的第二阶段开发，其在进行传统开发后，逐渐发展和进步。例如，将故宫开发建设成一个旅游景点，加工成一项旅游产品，这就是对故宫的建筑文化和历史文化进行的第一阶段开发，即传统开发。而在深圳的锦绣中华中，故宫的微缩景观被建设出来并展现在游人面前，成为这一主题公园中的一个景点。这就是对故宫文化的创造性开发。

另一方面，文化旅游的创造性开发在内容上是指，开发过程中对文化的创造性开发，而这种开发包括以下三个方面的内涵。

（一）文化的再开发

文化的再开发指的是旅游业为了满足市场需求，在已有的文化现象或文化载体基础上进行创新和开发，打造全新的文化旅游产品，从而为旅游者提供更加丰富多彩的旅游体验和文化认知。

这种开发方式不仅保留了原有文化的特色和精髓，还可以通过新的形式和手段进行改良和升级，提高文化旅游的可持续性和竞争力。

对于现有且已初步开发的文化旅游资源，我们可以通过整合文化元素、塑造完整的文化形象等手段进行再开发。这种类型的文化创新开发指一些著名旅游景点所举办的旅游文化节，如武汉古琴台所举办的知音文化节。知音文化其实已经被初步开发，其旅游载体就是仿古园林——古琴台，而知音文化节就是在这个基础上进行新的文化组合，开发新的旅游项目。而整个武汉市作为楚文化的集中体现地、白云黄鹤的故乡，在进行武汉市旅游文化开发时，就可以围绕楚文化做文章，建立武汉的整体旅游形象，这就是对武汉市楚文化内涵的再开发，从而进行整体文化形象的塑造。

（二）文化的引入

所谓文化引入，指的是在某些地区，可能并不存在某种文化的痕迹，但在其他地方却广泛存在。在这种情况下，当地的文化旅游开发者引入这种文化，并融入当地的特色，重新开发、设计它，并赋予它一些新的内涵，以创造全新的本地文化旅游产品。

由于地域文化差异，每个地方都有它独特的文化内涵。例如，由于东西方文化差异，东方园林就是东方所特有的，它与西方园林有很大差异。至于客观存在的一些文化载体，更是独一无二的。例如，世界上永远都只有一个真正的美国白宫，其他的仿造、微缩都没有它特定的政治意义、历史价值及文化内涵。然而，由于世界上信息的传播和文化的交流，人们渴望生活的多元化和文化的多元化，这一点给旅游业提供了一个新的思路：进行文化引入，再加以组合、创新，从而开发出新的旅游产品。很多微缩景观的主题公园就属于这种类型的文化的创造性开发。北京的世界公园、深圳的世界之窗等，都仿建了很多西方建筑和国外著名景点，它们就是引入了国外的一些文化为自己所利用，创造出新的文化景观。

（三）文化的创造

文化的创造是在文化旅游开发过程中，通过增添全新的文化内涵，或将虚拟、未被旅游业利用的文化内容具体化、实现旅游化，从而实现文化创意旅游的开发。

人类社会是在不断进步的，社会文化也是在不断更新、不断发展的。随着社会的不断进步、科学的不断发展，以及文化的不断更新和演变，人们对于文化旅游的期望也越来越高。因此，旅游从业者需要不断创新思维，开拓新的思路，积极推进文化旅游的创新发展。现代技术在旅游业的应用已经逐渐流行起来，并且越来越受到广泛关注。曾经有消息称，知名的酒店管理公司希尔顿集团和英国航空公司打算与美国的太空岛集团合作，在太空中建立一家旅馆，以吸引游客前来休闲度假。这一计划备受瞩目。据报道，这家旅馆的建造预算高达150亿美元，计划在距离地球640千米的太空中建造。根据计划，首先使用航天飞机运送数个长46米、直径8米的燃料箱到预定太空轨道。在燃料使用完毕后，空燃料箱将被遗留在太空中。随后，一辆载有施工人员和一个长5米的旅馆主体舱的宇宙飞船前往太空轨道与空燃料箱汇合。在旅馆建造时，工人们首先必须清理燃料箱内残留的氢气和氧气。接着，他们将这些物质按照环状排列，并根据客房标准进行必要的装修。最后，他们将旅馆主体舱和改装后的燃料箱拼组在一起，这样，旅馆就基本建成了。旅馆建立在太空中，充满悬浮之感，客人可尽情领略“一览地球小”的震撼体验。自然，这样的体验是收费的，而且价格高昂，参观者一周的旅游支出将达到2亿美元。这一新兴旅游项目就是现代化高科技文化在旅游业内的创造性开发。

科学技术的进步带来了一些原本只存在于虚拟世界中的文化内涵，这些内涵正在成为旅游业的新潮流，让游客能够在旅途中亲身体验它们的魅力。比如，迪士尼乐园是将虚构世界中的角色和故事融入旅游开发中，营造出独特的童话主题旅游胜地。

而许多并未被旅游业所利用、表面上看来与旅游业并无关系且不具备旅游价值的一些事件和文化载体，经过旅游从业者们的设计开发，同样也可以成为新的旅游项目，产生新的经济效益、社会效益和环境效益。例如，地震旅游就是一种创造性旅游开发，其高水平的科学旅游活动形式迅速受到人们广泛热议。中国地震频发，漫长的岁月里积累了丰富的地震历史文献和地震景观，这种独特的地震旅游资源在世界上十分少见。近年来，人们对唐山地震遗址、西昌地震碑林、琼州海底村庄地震遗址等的兴趣与日俱增，不少游客前来参观。

此外，文化旅游的创造性开发与传统开发的主要差别在于创新。事实上，这种创新涵盖了文化内容的创新和探索新的开发角度与方式。

旅游业发展至今，旅游形式一直在向多元化发展。从传统单一的观光游览到今天各种各样、丰富多彩的体验旅游、消闲旅游等，旅游方式的多样化及创新性正是旅游发展的一个重要趋势。文化旅游开发方式的转变也同样会带来文化旅游产品的更新，同样也是一种文化旅游的创造性开发。

平时我们印象中对于饮食文化的旅游开发，就是在旅游目的地开发建设特色风味餐馆，让游客品尝特色食品，而新加坡新达城展览中心目前就将厨房列为旅游景点，让旅游团队参观，了解准备盛宴的过程。新达城厨房最大的卖点就是新加坡第二大厨房，一次可准备供 10000 人享用的食品。新达城厨房的面积有 370 多平方米，相当于 30 多间五房式组屋的面积。正因为它大，而且曾为不少国际会议的与会者准备食物，所以能引起人们的兴趣。新达城执行主厨林明宝说，不少人都对新达城厨房的运作感到好奇，比如，厨师们到底是如何为一晚的宴会烹调 600 条鱼；他们又怎样采购用料，每日填饱上千人的肚子等。项目负责人说，游客通常看到的是我们已准备好的美食，可是对于整个过程并不了解，我们现在就邀请他们到"后台"看看，为他们解答疑问，他们会觉得准备过程是很有趣的。"[①] 目前，新达城厨房每星期接待四五个来自国内外的旅游团体。由于厨房面积大，而且分布在不同楼层，所以走完全程需要花上半天的时间。有趣的事情是，游人也可选择在厨房用餐，甚至在厨师的指导下准备自己的甜品。这就是对饮食文化的创造性开发，从传统单一的形式来消费的饮食文化旅游形式到直接参与进来、进行观摩、亲身体验和感受的全新饮食文化旅游形式，角度的转变、方式的更新赋予了饮食文化新的内涵。

二、文化旅游创造性开发的功能

首先，我们需要延续和发展传统的文化旅游开发模式。我们之前已经谈论过文化旅游的创造性开发内涵，这是文化旅游开发的一部分。在此，我们将文化旅游开发分为两个阶段：文化旅游的传统性开发阶段和文化旅游的创造性开发阶段。在传统开发达到一定程度、需要进一步完善时，文化旅游的创新开发变得至关重要。这一需求是由文化旅游的发展趋势所决定的。

其次，为文化旅游产品延长有效的生命周期。当进行文化旅游开发时，旅游资源可以被视为承载着所开发文化的媒介。旅游资源通常是不可再生的，同时，文化也有其自然的生命周期，因此，那些最基本的文化旅游产品必须经历从初期到成长期再到成熟期，最终面临市场淘汰的过程。然而，并非所有的文化都会随着社会的发展而逐渐失传。有些文化会随着时间的推移变得更加丰富多彩，就像醇酒越陈越香。但是，假如我们只停留在最初文化旅游产品开发思路上，这些产品就最终面临被淘汰的结局。所以，为了吸引新的客源，我们需要不断创新，让文化旅游产品焕然一新，使它能以各种新的面貌出现在游客面前，才能有效延长

① 新浪网 . 新加坡推出大厨房旅游新景点[EB/OL]. (2000—01—28) [2023—11—3].https: //eladies.sina.com.cn/tv/travel/luyou/2000—01—28/18658.shtml.

其生命周期，使这种文化旅游产品能更长久地被旅游业所利用。

再次，一些文化旅游产品经过创意开发后，会以全新的形式呈现给旅游者，因此必定会吸引新的游客，并开拓新的客源市场。另外，文化旅游的创新性发展使得游客们能够在时间和空间上实现跨越，进而再次吸引了一大批新的游客。例如，埃及金字塔原本的客源是许多来自五湖四海的游客，然而在我国有许多游客因为受到时间、空间的制约而不可能成为埃及金字塔的游客。如今，在北京的世界公园、深圳的世界之窗都修建了仿埃及金字塔的景点，这也正是对这一文化产物的创造性开发，它将开辟一个新的客源市场，即那些因条件所限而无法出国旅游的中国游客，让他们不出国门也能领略埃及金字塔令人神往的独特风采。

最后，在实施宏观调控措施时，新的投资领域将成为促进经济增长的新动力。如果我们要开展新的建设和开发，就需要投入资金，并且这样做肯定会带来新的经济效益，成为新的经济增长动力。这是评估一项新的文化旅游创造性开发方案是否可行的最基本标准。因此，一个经过精心策划、成功实施的文化旅游创新发展计划，将吸引大量投资者的参与，并可能成为未来的开发热点，推动旅游经济的新发展。

三、文化旅游的创造性开发应遵循的原则

（一）体现民族特色，突出中国味

旅游业发展需要严格遵守规范，而且还要具备独特的创新能力，因此，独具特色的开发，对旅游业的发展至关重要。我们国家的历史悠久，地域广袤，民族众多，这些都是宝贵的旅游资源，可以不断地开发和利用。中国旅游的基本特点是强调发展中国特色，强调体现独特的“中国风格”，这是中国旅游的根本。众所周知，越是民族的越是世界的，在进行文化旅游的创造性开发时也遵循同样的原则。

如何来体现饱含中国特色的中国味呢？第一，突出民族性特征。第二，突出地方性特征。第三，突出独特的历史特征。相较于其他国家，我们的优势在以下几个方面表现得非常明显。

就民族性特征而言，我国是一个有着 56 个民族的大家庭，每个民族都拥有其独特的文化资源和特色。就中国戏曲来说，有着非常丰富的形式，不仅汉族有京剧、昆曲等，其他民族也有各自独特的戏曲表演形式，比如藏族的藏戏、壮族的壮剧、傣族的傣剧、白族的白剧、侗族的侗戏等。每种戏曲都有其独特的魅力；

就民族歌舞来说，每个民族都有其独特的文化继承和发展。例如，朝鲜族长鼓舞、扇舞，傣族孔雀舞、芦笙舞，彝族锅庄舞等，无不展现了不同民族的独特风情与魅力，数量之多令人惊叹。

就地方性特征而言，中国国土辽阔，地理环境复杂多样，各个地区都有着独特的地方特色，这些特色是我们的优势之一。例如，中国戏曲不仅包含了各种民族戏曲，还包括了很多地方特色戏曲。很多省份都有一种以省名简称命名的地方戏曲，有些省份甚至有四五种不同的地方戏曲。浙江的越剧、绍剧，安徽的黄梅戏等都是享誉全国的地方戏曲的代表。中国特有的曲艺形式表现出非常明显的地域特色，如二人转代表东北、相声代表北京、评弹代表苏州、数来宝代表山东、独角戏代表上海、花鼓代表凤阳等，种类丰富多样。

就历史特征而言，我们的国家是世界上历史最悠久的国家之一。近年来，一些古乐曲和古代舞蹈得到了开发和推广，这些作品具有丰富的文化内涵，如《中国古乐舞》《祭孔乐舞》《秦俑舞》《仿唐舞》《祭禅泰山乐舞》《清宫宴乐舞》等，受到中外观众的一致好评。同样，在进行文化旅游的创造性开发时也是如此，所创造出来的新的文化旅游产品不但要有独特的创意和风味，而且更要体现出我们民族的特色，体现出中国味。

（二）高品位开发，雅俗共赏

高品位开发指的是需要注重项目的定位和质量，确保项目达到高品质水准。许多地方邀请专业学者参与创意设计项目，有些作品获得了众人的赞誉，但也存在一些失败的案例。问题是在设计项目时过于强调知识性，而忽略了娱乐性和观赏性，因此曲高和寡，市场受众太窄。在文化旅游的创造性开发中，经济效益是最优先考虑的因素，判断一个旅游项目的可行性往往要看它是否能够取得经济上的成果，这是最基本的标准。为了实现显著的经济回报，必须具备足够的市场规模。如果投资规模不足，那么旅游项目的回收期将会变得很长，甚至可能无法实现收支平衡。即使旅游项目再有吸引力，也难以获得成功。在一些非专业人员设计的项目中，有些太过平庸，缺少文化内涵，难以满足游客对新奇、独特体验的需求，这样不仅无法增加收益，反而可能亏损。

综上所述，文化旅游在进行创造性开发时，在其项目创意的品位上应该雅俗共赏，迎合大多数人的需要，同时也要适当超前，引导游客的欣赏水平逐步提高，刺激其潜在的需求。只有这样，才能以良好的社会效益来谋求更长久的经济效益。

（三）高科技引导，重在求新

从某种程度上讲，人类社会的发展史就是一部科技史。从农业革命到工业革命乃至现在正在进行的生态革命，人类创造了一个又一个科技的飞跃，现代化高科技也以其崭新的、充满活力的面貌为人类生活创造了难以想象的奇迹。旅游业需要科技的支持以不断提升自身的竞争力。人类运用科技手段认识和建设世界，二者对社会发展至关重要。尤其在文化旅游的创新发展中，科技的特殊作用更加突出。

科技本身就是源自创新的文化概念，是在人类现代化进程中涌现出的全新文化观念。在传统的开发理念中，普遍认为科技只是文化旅游开发工具和手段之一，可为其提供帮助和支持。随着人们对文化旅游的需求增长，需要注入新的元素以丰富体验，科技这一新兴文化概念便被接纳并创造出一种新的旅游风尚。科技的内容很广泛，而只要开发得当，设计合理，几乎所有的科技观念、科技手段乃至科技设想都可以为文化旅游所利用。其中最受人瞩目的当属太空游了。据专家估计，21 世纪的旅游最热点可能是火星。由此可见，科技有可能将旅游搬到了太空，开创旅游的新世纪。同时，就像太空游一样，科技游也必将越来越受到旅游者和旅游从业者的共同关注。

科技的发展对于实现旅游的可持续性发展至关重要。随着旅游业的蓬勃发展，面临着诸多社会和环境问题，如资源耗尽和污染等，为解决这些问题，人们需要探索可持续发展的旅游模式，科技就成为实现这一目标的重要支撑。必须强调，文化旅游的创意发展是文化旅游实现可持续发展的途径和方式，而科技则是实现这种发展的工具和手段。文化旅游和科技相互依存，紧密相连。

（四）多形式旅游，满足愉悦

对于大部分游客而言，旅游是为了放松身心，享受乐趣而进行的一种休闲活动。在所有旅游形式中，旅游的愉悦身心和促进身心健康的特性应该得到体现，文化旅游也不例外。由于技术和观念的限制，传统文化旅游开发主要集中在观光文化方面。随着旅游业的进步和旅游者旅游需求的升级，进行旅游文化的创新开发时，需要对此进行改进。除了让旅游者进行简单的文化观赏，更应该让他们通过多样化的旅游活动、项目和体验，深刻感受文化内涵，满足他们对于新鲜、知识、奇妙、趣味和愉悦的旅游需求。只要成功地开发出了文化旅游产品的这些特性，并且做了充分展现，那么这就是一项成功的开发。

那么，怎样才能充分体现文化旅游愉悦性的全部内涵呢？需要强调的有三点：

第一个是具有观赏性；第二个是原创性；第三个是具有参与性。

“观赏性”指的是文化旅游产品的设计和生产考虑到旅游者可以从中得到充分的愉悦感受，因此其观赏价值非常高。旅游者可以通过欣赏文化旅游产品来满足自己的愉悦感。当然这一特性是文化旅游开发的一个基本特性，在这里需要说明，在进行文化的创造时，同样也要注重文化资源的观赏性。历史悠久的中国有很多传统文化是极具观赏价值的，在对它们进行开发时，要重视对其观赏价值的开发，尤其一些很难发展成参与性的文化旅游项目，更要围绕其观赏价值进行开发。例如，中国传统的戏曲表演、杂技表演、武术表演等，都属于这一类。因为这类文娱表演艺术性强，技巧性高，非常年训练有素的专业演员不足以上台表演，对于异国异域的游客来说，很难亲身参与表演。这类节目虽然不及独创性节目那样有轰动效应，也不及参与性节目那样刺激过瘾，然而只要对其观赏价值进行很好的开发和利用，注重突出“中国味”，一样能实现其愉悦性。数年前，几个来自我国贵州的文艺团体，在法国巴黎表演，一举成名，特别是地方戏表演，被誉为戏剧的“活化石”，侗族大歌则被称赞为“东方的咏叹调”。这吸引了越来越多的法国游客前来贵州旅游。这样的成功案例启发了贵州省旅游局，他们决定把民族文化特色作为旅游的主导方向，以此来推动贵州旅游事业的发展。位于山东曲阜阙里宾舍的文化旅游项目《中国古乐舞》成功地利用了地理优势，即孔子的故乡，并围绕孔子的音乐理论展开，最终得到了国内外游客的青睐。演出厅虽然只能容纳一百人左右，但仍然在高峰时吸引了 200 多名观众，许多外国游客宁愿站立一个多小时，希望能看到全场演出。甚至一位外国客人观看了六场演出，仍未满足。他们一致表示，欣赏中国古乐舞演出的同时，也加深了他们对中国文化的认识。

“独创性”是指文化旅游产品的设计和开发具有独特的创意，让游客感到新奇、兴奋和惊讶，从而带来愉悦的体验。茶花村位于苏州虎丘山旁的兰莉园，近年来因为创办了一支具有浓郁地方特色的“水乡服饰表演队”而声名远扬。平均年龄才 20 岁的姑娘们，大多来自基层一线，在木船、渔网、竹篙组成的表演台上，她们或身穿碎花大襟衫、腰束绣花肚兜，或脚穿彩色绣花鞋、手挽竹编篮，在那软糯悦耳的民歌声中，展现出一幅又一幅江南水乡清新的画面。这支服饰表演队已吸引了世界各地 30 多个国家的旅游团队，每天演出多场而经年不衰。该演出不仅被纳入江苏省民族艺术系列活动，还因其深厚的本土特色而获得国家旅游局的称赞。所谓“土味”，即将地方特色发扬光大。例如，苏州水乡服饰表演队在传承自身特色的同时，巧妙运用各种演员服饰和道具，通过一些微小的处理和提高，成功地向观众展示了苏州的独特文化魅力。这不仅节省了成本，而且在行业中更具有优势和竞争力，掌声不断，获利满满。这种做法实现了多方面的目标，达到多方获利的效果！最重要的做法就是去发现，去提炼，去提高。总的来说，利用本地特色和优势，根据当地情况“创新”，因地制宜。只有创新才能焕发生命力，只有创新才能取得成功，也仅有创新才是最宝贵的。这一点，在进行文化引入的创造性开发时尤其值得注意。盲目地引入他人的文化而不通过自己的加工，不加入自己的特点，这种“翻版”式的所谓创造性开发，绝不会获得成功。我们要原汁原味地去做西施，千万莫学东施。例如，迪士尼乐园首创者是美国，取得极大成功，获得巨额经济效益；继仿者是法国，当时就引起了欧洲有识之士的激烈反对，按中国的成语诠释，认为此举是东施效颦，缺乏欧洲特色，初建时尚能获利，目前已是巨额赤字，面临着关门倒闭的危险；再仿者是日本，目前尚能盈利，因为日本在其中加了许多新的创意和项目。

所谓“参与性”，就是文化旅游产品的设计和开发使得游客以达到最大快乐为目标全面或部分地亲身参与其中。人类天生具备参与意愿，这种欲望不仅由好奇心所引发，还受到心理补偿、心理满足、自我表现、自我实现等高级心理需求的驱动。身体与所处的环境产生互动，环境也会影响身体，从而导致情感的产生。这表明只有当人们身临其境、亲身参与时，才能真正感受到其中的情感，获得体验。随着旅游业的发展，游客渐渐追求参与性体验，这种趋势也催生了新型的旅游方式——参与性旅游。可以说，参与性旅游是旅游业的一种创新形式，满足游客的心理需求，成为旅游业的一个新兴趋势。参与程度的强弱是与游客的愉悦程度呈正相关关系。有些具备参与性的文化旅游活动自然可以使游客参与进去，如泼水节、篝火晚会、漂流活动等。在这里需要特别强调，在设计某些观赏型的文化旅游产品时，尽可能穿插一些可以让游客参与的节目。例如，前面提到的一些民俗歌舞表演、中国传统戏曲表演等，都可以在这方面做一定努力，进行一定的创新。表演中最使游客开心的往往是中途被邀请上台，与演员同欢共舞。他们虽然动作笨拙却跳得神采飞扬。比如，跳《竹竿舞》时，往往有人跳脱了鞋，引起阵阵大笑，但这却常常是演出的高潮，也常常是游客游玩的高潮。

让游客有机会体验到一些独特的文化，如演奏民族乐器、试穿传统服饰，这些都能带来非同凡响的愉悦感。需要注意的是，随着时间的推移，国际游客的心理需求已从单纯的观光转变为更复杂的参与，这已经成为国际旅游业的一种新趋势。他们渴望获得独特的人生经历，走别人未曾走过的路，体验别人从未尝试过的生活方式。

（五）长远眼光看发展，注重可持续性发展

在文化旅游领域，所谓的创新性的开发，实际上是可持续发展在文化旅游产业中的具体应用。在推动文化旅游创新性开发时，应以可持续发展为基本理念和指导原则，用长远的眼光看未来的发展。这一点具体到开发中，就是要有环保意识和忧患意识。

四、文化旅游的创造性开发步骤

（一）分析目前市场

作为文化旅游的创造性开发，顾名思义，就是要有创新的思路、独创的建议和好的点子。这就需要旅游从业者们集思广益，开动脑筋，出新点子，出好创意。要做到这一点，要对目前的文化旅游市场状况有全面的了解，对那些现存的文化旅游项目和产品的开发现状和开发潜力做系统的分析。在这里，可以运用多种方法进行分析，其中包括定性的方法和定量的方法。

1. 本地区文化旅游资源优势

主要是依据本地区所处地理位置、地方历史沿革、风土人情、民族状况等因素来考虑一个地方的文化特色和确定文化旅游开发的文化优势。例如，北京是我国十大古都之一，作为明清两代的都城所在，其历史文化的优势明显，加上故宫、颐和园、天坛等著名古代宫廷建筑群，可以看出开发建筑文化也同样很有优势。而云南西双版纳就不同了，少数民族众多、风光秀丽、动植物物种丰富等，都决定了它应把民族文化作为一大特色进行开发。

2. 本地区文化旅游开发现状

这一点就是整个调查分析的核心部分了，主要是要由此推断出还有哪些游客感兴趣的文化资源未被开发，可以考虑将它进行文化旅游的创造性开发；已经被开发了但开发不合理的文化旅游产品存在哪些问题，需要在哪些方面予以补充和完善，是进行内容上的扩充和创造还是进行形式上的补充和创意；那些开发了的文化旅游项目，哪些已经充分开发并即将达到市场饱和，必须在内容上或形式上加入新的创意和点子，进行创造性开发；还有哪些已经面临淘汰的文化旅游产品，必须放弃开发建设。

（二）确定创造思路

在前面对文化旅游创造性开发的定义阐述中，已讲到这种开发包括两个方面的创造，即内容上的创造和形式上的创造，明确创造的方向也就是明确这一创造是重在对内容的创造还是重在对形式的创造，或是二者双管齐下，共同创造。如果是对内容进行创造开发，是按哪种方式进行创造，具体对什么文化进行创造；而如果对形式进行创造，则以哪种形式作为创造方向，或者再创意出哪些全新的文化旅游形式。这些可以从两个方面进行评判。

第一，根据上一步分析出来的结果，查找当地文化旅游资源的开发优势和漏洞，以及开发的潜力。

根据优势进行开发创造，这是旅游开发的一个基本点和基本要求。同样，进行文化旅游创造性开发时也不能忽视这一点。例如，在武汉开发一个大型中国古文化主题公园，就不能选取齐鲁文化作为开发方向，因为武汉地处长江中下游地带，是楚文化集中地，应在此基础上开发楚文化内涵。再如，玻利维亚南部波托西省的乌尤尼盐沼地区，新开的一家用盐做成的旅馆，吸引了来自世界各地的众多游客。这家旅馆的地面是用颗粒状的盐铺成的，墙面则是用食用盐做成的盐砖砌成的，其他如天花板、廊柱甚至室内的床等家具，都是用盐湖里的盐做成的，阳光照在上面，熠熠生辉。这种独特的景观让观光游客大饱眼福，然而盐旅馆并不是处处都可以开发的，在这里开发盐旅馆是有其地理优势做基础的。绵延 10 千米的乌尤尼大盐沼是冰川时代的产物，它海拔 3700 米，四周群山环绕，景色迷人，从 20 世纪 50 年代开始，这里就成为旅游胜地，每年有成千上万世界各地的游客前来观光。利用这里最丰富的自然资源——盐，来修建盐旅馆，这一创意的巨大成功首先在于对该地区优势的有效利用上。

根据存在的问题和开发潜力有的放矢进行开发创造。在第一步的调查分析中，我们就对目前开发的问题和潜力进行了统计。例如，有些文化开发项目有可能是内容上已经全面开发，但形式单一，只开发了简单的、传统的观光型文化旅游项目，这时就需要丰富其旅游形式，根据它的特点开发出新的文化旅游形式，如举办一些旅游节庆活动、开展一些参与娱乐型的文化体验旅游等。另外，对有些文化旅游项目已经进行了较为完善的开发，但有可能在某一方面还存在较大的开发潜力，在对其进行创造性开发时，就要挖掘潜力，进行开发。

第二，对游客进行问卷调查，认清他们的旅游动向和他们所关注的文化动态，由此推断出最新的文化时尚，根据这种文化时尚，挖掘文化的旅游内涵，使之为旅游业所用，形成新的文化旅游时尚。社会在发展，文化也在发展，各行各业、各个地方都会产生新的文化，并有可能成为人们关注的焦点和时尚。旅游从业者需要有一定的时尚敏感度，努力将社会上的文化焦点应用到旅游中来，成为文化旅游新时尚。

我们还可以从《泰坦尼克号》的风靡中得到一些启发。这部影片一经放映，即刻轰动全球，刮起了一股旋风般的“泰坦尼克热”。抓住这一时机，美国各界都纷纷以“泰坦尼克号”作为品牌进行各种创意和开发，并获得了一系列的成功。如此看来，我们可以尝试利用当前市场上的流行文化时尚，借助流行文化品牌进行文化旅游的创造性开发。

（三）明确开发可行

对即将开发的项目进行可行性分析是投资成功的第一关。

（四）正式规划开发

将一个文化旅游的开发创意进行系统化，并着手开发，需要我们的项目策划人撰写出详细的项目开发说明书，并依此进行文化旅游的开发。

至此，我们对文化旅游的创造性开发进行了一定的阐述，得出结论：对文化旅游进行创造性开发就是对文化旅游的可持续性开发，这是旅游可持续发展理论在文化旅游开发思路中的具体体现。

第四节　国内外文化旅游开发实践与启示

一、国外文化旅游开发实践

（一）“迪士尼模式”：美国文化旅游开发实践

20 世纪 50 年代，西方世界出现心理危机，于是游乐园流行开来，美国出现科技娱乐文化旅游潮流，形成了娱乐性、差异化和人性化为显著特征的迪士尼模式，迪士尼乐园和迪士尼世界已成为享誉世界的主题公园品牌。其辉煌成就与经营理念及商业运作模式息息相关，具体做法和经验如下：

1. 高度关注游客的需求

迪士尼乐园建设前沃尔特（Walt）就研究了客源市场，不但对美国大多数公园进行了调查，还到欧洲进行调查，了解游客需求和意见，以细致、严密的可行性分析为公园地址选择、产品设计、环境营造和价格定位等决策奠定了基础。他们想方设法从消费者角度进行策划、开发、经营和管理，以消费者需求为导向进行游乐园的建设。例如，经营者根据儿童生理特点设计、安装了旅游设施；将迪士尼乐园用防护栅栏隔围起来，使游客不受外界干扰；为使游客完全融入环境，经营者收购周边土地，拆除超高建筑，在乐园周围种植了茂密的树林带。

2. 采取差异化发展战略

为了避免产品的同质化带来的竞争，各主题公园都采取差异化发展战略，根据市场空隙不断发现新主题，使主题公园的主题定位明确，如迪士尼乐园的定位是"奇妙的童话世界，梦想成真的地方"，环球影城的定位是"逼真场景和电脑特技"，六旗游乐园的定位是"城市中的大冒险"，力求凸显自己独占性优势，达到卓尔不群，从而保持市场占有率和竞争力。乐园内每个产品的功能也不相同。例如，迪士尼世界包含"奇幻王国""拓荒地""探险地""自由广场""明日世界"和"美国大街"六大板块，日本东京迪士尼乐园以"神奇王国"为主题，包括"世界市集""探险乐园""西部乐园""梦幻乐园""明日乐园""动物天地"和"卡通城"七大乐园。在强化特色、带来鲜活趣味的同时，也丰富了旅游者的消费经历。

3. 以高科技手段增强交互性

广泛采用现代高科技材料和手段，以声、光、电技术及虚拟技术营造逼真场景，以戏剧性和舞台化的方式（浪漫画面、变幻造型、多彩灯光、激情歌舞、梦幻场景）模拟动画世界，追求场景制作的真实、细致，同时注重游客的参与性、互动性。例如，游客踏入迪士尼乐园后可以驾驶火车、探险船、航天器和潜艇，在远古原野、古老城堡、蛮荒之地、神秘洞穴、深邃海底或遥远未知星球上行走探险，极大地刺激了游客的感官，增强了游客对游乐世界的认知。

（二）"工业遗产模式"：德国文化旅游开发实践

德国工业文化旅游虽然起步时间晚于法国和英国，但是发展极为迅速。目前，食品生产、机械制造、纺织加工等众多相关工业旅游景点已被列入旅游指南，工业文化旅游已成为德国发展最快、最时髦的旅游形式。其开发经验主要有以下两点：

1. 开展遗产观光，注重旅游体验

游客不仅可以参观遗产景观、工厂车间、博物馆和展览馆，还可以“零距离”地接触工业机器、生产设备、厂房建筑等物质类产品，也可穿上工作服亲自动手生产产品，完成某项具体的工艺制作而加深对生产流程和工艺的认识。如亨利钢铁厂有各种游戏节目；大众公司的汽车城给孩子们设计了“小学习园”，有“考取驾照”“泥捏汽车”“汽缸探秘”等项目，使工业文化摸得着、听得见、嗅得到，给游客增加了无限乐趣。

2. 体现人文内涵与精神

处处为游客着想，体现工业旅游的历史感、文化感，体现人类自由、平等、博爱等思想。例如，游客可以在旅游区内健身、购物、娱乐、游憩；景区内道路通畅干净；厕所卫生状况良好，数量能满足游客需要；有多种语言对照的交通指示牌、说明牌和导游词；为老年人、残疾人等特殊群体提供折扣票价、轮椅通道服务；向游客讲解企业历史和文化，宣讲环境保护和可持续发展的意义，增强游客的环保意识。

（三）“低廉＋特色＋微笑模式”：泰国文化旅游开发实践

泰国民俗文化丰富。在泰国，佛教有2000多年历史，泰国庙宇、佛塔、佛寺数量众多，建筑辉煌，装饰精巧，因此被称为“千佛之国”。这里，各种活动风情浓郁，被誉为“亚洲最具异域风情的国度”。泰国因此积极发展民俗旅游，成为亚洲乃至全球重要的民俗旅游国家之一，旅游业已经是国民经济的支柱产业。泰国发展民俗旅游的成功主要有以下原因：

1. 旅游成本很低

一是以旅游商品为例，由于政府对珠宝原料免征进出口关税，加之设计加工成本也不高，因此大量高品质宝石，如红宝石、蓝宝石和绿松石等价格适中，受到游客青睐。二是游客签证时间成本低。如简化中国旅游团队的入境手续，实行落地签证制度，签证办理方便快捷。这样，赴泰国旅游很方便，游客感觉“很划算”。

2. 服务高效优质

泰国人热情、好客，泰国被称为“微笑王国”，各旅游机构、服务人员和居民对游客更是服务周到。旅游服务中心的电话服务就很有代表性，他们的口号是

“记住一个号码，游遍全泰国”，能为游客提供周到、细致的服务，国外游客对泰国旅游认可度很高。

3. 产品特色极度鲜明

泰国推出的产品主要是传统节日（泰国新年、俗称泼水节的宋干节等）活动、传统民间舞蹈（假面舞、指甲舞等）、古式按摩和泰拳等，特色鲜明，展现了泰国传统文化魅力。

二、国内文化旅游开发实践

（一）陕西历史文化旅游开发实践

陕西是中华民族的发祥地之一，也是华夏文明的主要发源地，是中华历史文化内涵最为丰富的大省，号称“天然历史博物馆”。因此，陕西围绕“发展特色旅游业”这一战略思路，以历史文化和人文景观为主体资源，大力开发文化旅游，目前已经成为我国西北地区旅游业发展的龙头。陕西开发文化旅游的主要策略和经验如下：

1. 对文化旅游业进行准确定位

一是产业性质和地位定位准确。改革开放初期，陕西就把旅游业从外事接待为主的“事业”转变为具有经济性质的“产业”，把特色旅游业作为五大优势产业之一给予大力扶持。目前，陕西把旅游业定位为引领国民经济发展的战略性支柱产业。二是文化旅游产业发展定位准确。陕西拥有丰富的文化资源，包括古都文化、宗教文化、民俗文化、丝绸之路文化、红色文化、始祖文化和科技文化，文化遗存丰富，历史文化遗迹荟萃，但是不可能全面开发，因此陕西决定集中开发周、秦、汉、唐文化旅游。又根据旅游业和文化产业发展的需要，以“关天经济区（关中—天水经济区）”建设和“西咸（西安、咸阳）一体化”为背景，把西安定位为“彰显华夏文明的历史文化基地”和世界一流旅游目的地。三是客源市场定位准确，大力开发入境游客。

2. 积极实施“极品战略”

为提高文化旅游业竞争力，陕西实施“品牌带动战略”，力求推出一批世界级、国家级品牌，主要思路是以西安带动陕西旅游，以周塬带动周文化旅游，以秦兵马俑和秦始皇陵带动秦文化旅游，以汉帝王陵带动汉文化旅游，以唐帝王陵、大唐西市、大唐芙蓉园、唐皇城、曲江新区和大明宫等带动唐文化旅游，以渭河和秦岭旅游带动生态休闲和山水文化旅游，以延安和西安红色旅游带动红色文化旅游。目前，已形成西安古都文化旅游区、临潼秦唐文化旅游区、咸阳秦都帝陵文化旅游区、宝鸡周唐文化旅游区、延安革命文化旅游区、陕北“三黄”（黄帝陵、黄河壶口瀑布、黄土）文化旅游区和山岳文化旅游区等，这些旅游区以西安为中心，由东西南北四线组成的品牌格局，增强了历史文化旅游的吸引力和竞争力。

3. 活化历史文化

采取歌舞、仪式、节庆、活动等形式，使文物、文化、科技、教育和旅游相结合，深度挖掘旅游产品的历史文化属性，多样化、全方位、多层次深度展示历史文化，有效克服了文物型、观光型产品的静态局限。如西安推出了仿古迎宾入城仪式、唐都上元不夜城灯会、中秋赏月、古城墙国际马拉松赛、中国西安丝绸之路国际旅游节、“钟鸣盛世、祈福长安”新年祈福和古文化艺术节等活动，创演了大型山水实景歌舞《长恨歌》等，既增强了参与性，也激活了沉睡的文化旅游景区，凸显了文化内涵，产生了轰动效应，成为全国乃至全球文化旅游的新品牌和新亮点。

（二）河南少林文化旅游开发实践

少林寺位于河南省登封，始建于北魏太和十九年（公元 495 年）是少林武术的发源地和禅宗祖庭。自唐以降，久负盛名，有“天下第一名刹”美称。改革开放后，少林寺大胆“入世”，以商业化运作模式发展文化产业，使少林文化旅游突飞猛进。结合少林寺网站和王海、单建新等人学位论文资料，可把少林文化旅游主要做法和经验归纳为以下两点：

1. 积极对外宣传少林寺及少林文化

1982 年李连杰主演的电影《少林寺》热播以后，少林寺在全球范围内不断加强宣传攻势，积极开展对外文化交流，知名度节节攀升。主要的形式有影视宣传，拍摄了《少林弟子》《少林寺传奇》《少林僧兵传奇》《少林功夫史诗》《少林寺烈火重生》和《新少林寺》等作品，参与中央电视台春节联欢晚会、河南电视台《武林风》等节目；公众活动宣传，主要有少林寺建寺 1500 周年庆典法会、少林景区国家 5A 级旅游景区挂牌仪式、全球功夫之星海选、国际旅游小姐大赛、首届中华旅游小姐大赛中国区总决赛、郑州国际少林功夫节和世界传统武术节等；武术表演宣传，组建“少林寺武僧团”在全球进行功夫表演，展示东方佛教文化和中华传统文化；公益性宣传，包括护生放生、成立少林基金会和慈善捐款等。

2. 深度挖掘禅宗文化内涵

对少林文化进行多方位整理和开发，推出符合市场需求的少林文化产品，拓展和延伸了少林文化旅游品牌。基本形式有创办少林寺拳法研究会、少林寺网站、少林书画研究院、中华禅诗研究会和少林书局等组织和机构，出版《少林寺与律宗论文集》《少林功夫文集》和《少林功夫》等书刊，开展少林文化研究，抢救少林文化遗产，加强文化传承；创办武术学校，目前有武术馆、武术学校千余所，其中仅塔沟附近的武校就达几十家，以教育传播旅游文化；推出《禅宗少林音乐大典》，融自然、艺术、武术、禅宗于一体，强化文化魅力；成立少林寺事业发展有限公司，经营少林素饼、少林禅茶、少林点心等，丰富游客旅游体验；开设“少林欢喜地”，负责少林寺特许商品全球连锁运营，规范文化经营；成立河南少林寺影视有限公司，拍摄少林题材影片，弘扬少林文化。

三、国内外文化旅游开发实践带来的启示

（一）创新文化旅游开发理念，注重旅游体验性

我国作为文化旅游资源赋存数量多、品位高的国家，在发展文化旅游的过程中，要积极创新，借助文化旅游资源的优势，开放思路，摆脱传统观念束缚，并且跳出旅游仅仅为了旅游的思维模式，通过实现产业融合的方式来适应新的发展环境，实现更好的发展。此外，我们应当转变资源开发理念，避免过于注重“极致开发利用率”，而是要进行有针对性地选择，迈向资源开发内涵式发展之路。我国文化旅游资源的开发还要树立“选择资源、注重体验”的理念。优先选择资源禀赋好，开发价值大、审美愉悦价值高的文化资源进行开发，注重旅游产品体验性设计，应尽可能符合旅游者的体验要求，开发能够满足旅游者需要的文化类旅游产品。

（二）探索文化旅游发展新路径，寻求产业融合

我国应该主动探索创新的文化旅游发展模式，实现旅游、文化及相关产业的有机融合，在此基础上形成更为完备的产业链。促进文化和旅游产业的融合发展，要考虑到游客的审美要求，创新旅游产品的设计和开发。必须注重景区历史文化背景和当地文化特色，倡导游客发挥作为文化传播使者的重要作用。游客在体验、感受和认知不同文化的过程中，可以有效地传播文化，促进文化交流和融合，提

升文化影响力和软实力。促进文化和旅游产业的融合发展，是实现旅游产业升级和从初级阶段以观光旅游为主向高级阶段以文化旅游为主转型的重要手段。

（三）加大旅游营销宣传力度，扩大市场影响力

要进一步加大文化旅游市场营销宣传力度，继续扩大市场影响力和知名度。把报纸、杂志画刊、电视、广播等传统媒体手段与网络、视频等现代传媒手段相结合，营造良好的舆论空间，提升地方特色的旅游知名度。

另外，可以借助筹办会议、会展等方式加强文化旅游市场推广，如就旅游信息、旅游人才、旅游置业三个主题领域，汇聚国内外相关单位和个人，进行合作、交易、交流；积极参加国内外旅游相关组织，加强与这些组织的交流与合作，开展相关活动；建立以优惠政策、待遇和发展空间吸引世界范围内优秀旅游人才；建立通过网络等手段的“客源信息绿色通道”和通过设立发展顾问制度的“专业咨询绿色通道”来进行信息和资源的交流。

（四）完善文化旅游基础设施配套建设

基础设施和景区景点建设是影响文化旅游业发展的关键因素。应始终遵循“保护为主，抢救第一，合理利用，加强管理”的原则，坚持“保护文物就是发展旅游”的观念，全方位加强文物保护工作。遵循修旧如旧的原则，对古建筑遗迹进行修复，保持原有的历史文化和建筑风格，使游客能感受文化内涵，获得满意的旅游体验，形成良好的口碑，进一步促进我国旅游文化经济的良性发展。

第五章　文化旅游服务管理

本章为文化旅游服务管理，主要介绍了四个方面的内容，分别是文化旅游景区的服务管理、旅行社和酒店文化旅游服务管理、文化旅游的公共服务管理、文化旅游服务管理技术创新。

第一节　文化旅游景区的服务管理

文化旅游景区是以人文资源为对象开展旅游活动的景区，包括历史遗迹类、建筑类、民族艺术类、民俗类、宗教类、休闲文化体验类景区。这些景区以文化景观为观赏对象或以休闲娱乐方式为消费内容，其目的在于使旅游者获得深刻的景观文化认知或休闲文化体验。景区服务包括很多方面，如入门接待服务（票务服务、排队服务、咨询服务）、景区内接待服务（解说服务、配套服务）、保障服务（营销服务、安全服务）等。景区的管理主体是企业，服务质量是旅游景区企业的生命。文化旅游景区与自然风景区相比，需要有更丰富文化内涵的服务，本书称为“特色服务”。现从票务、讲解、餐饮、综合性服务等方面展开文化旅游景区特色服务管理的探讨。

一、文化旅游景区票务服务

（一）文化旅游景区门票的定义和现状

游览景区时，每位游客都要购买门票，这是进入公园、博物馆、历史名人纪念地、自然景点等游览地点的唯一凭证。门票费用包括观光索道、观光电梯、环保车和观赏项目等。

如今的旅游门票具有各种收藏、宣传、导览、指引功能，但是亦存在不少问题。纸质门票在检票时一般会手动撕下副券，导致超过三分之二的门票出现票面主题图案的缺损，抑或使门票上的系列图案不再完整。即使游客携带门票回家，也无法完整地展示这些特色景点的全貌给其他人观赏。还有些门票广告泛滥，其主题与景区风格不符，影响门票在呈现景区完整文化面貌上的效果。总之，没有利用门票的宝贵位置做好景区应有的文化宣传。做好文化旅游景区的门票设计工作，能够更加凸显景区文化特色，增加旅游宣传价值。

（二）文化旅游景区门票的功能

景区门票的功能在不断增加，呈现出愈加丰富的特点。除了保留原来的准入功能，如今又增加了一些其他的功能，如游览指南、文化宣传、收藏鉴赏等。特别是有一些景区的门票，甚至是景区提升自身形象的一种重要载体。一张经过精心设计的旅游门票对于提升景区的声誉和档次，以及最终实现经济效益具有至关重要的意义。

门票本身具备宣传的作用。除了旅游纪念品，门票也是旅游者可以直接带回家的另一种纪念品。随着景区门票的设计越来越别致，游客纷纷将门票视为珍贵的收藏品。因此，景区可以将旅游者的兴趣爱好与景区的宣传和旅游纪念品的设计结合在一起，利用独特的门票来吸引旅游者，并提升他们在景区的旅游体验，巩固他们对景区的印象。

门票不仅仅是进入景区的凭证，更重要的是在形象塑造方面发挥着重要作用。对于旅游景区来说，门票具有传播形象的作用，因为优质的门票代表着景区的形象、品质和特色。门票能够有效地传递景区的魅力和特色，从而吸引旅客的兴趣和消费欲望，成为旅游景区传播形象的重要手段。旅游门票，特别是视频压缩盘片（VCD）门票，不仅可以记录和见证旅游经历，还可唤起旅游者美好回忆，巩固旅游景区在他们心中的形象。旅游结束之后，展示门票给亲朋好友或大众，也可以扩大和提升旅游景区的形象影响力。综合而言，门票不仅是一种信息传递工具，更是文化传播的一种重要载体，文化旅游景区应不断拓展门票的创意设计空间，提升其文化内涵和审美品位。

（三）文化旅游景区门票设计的原则

我国旅游资源丰富，不少景区有辉煌灿烂的文化资源。文化旅游景区尤其要重视文化特色在门票设计上的体现，如通过对所在地文化旅游开发背景和条件的分析，探讨景区地域文化在门票设计上的运用。具体说来，有以下原则。

1. 设计中融入文化元素

文化旅游是依托人文资源而开展的。文化旅游景区的门票设计需要体现景区文化的精髓。因此，在门票设计中应该保留本地文化元素，使游客除了获得旅游体验外，还能领略到与该地区相关的文化魅力。要提炼出地域文化当中有代表性的要素，传达尽量丰富的文化含义。在规划设计阶段，应该把景区的文化与资源特色等多方面综合考虑，进行必要的提炼和创新，以便为游客提供具有文化差异性的旅游内容，从而满足其不同的旅游需求。以一些针对特定区域的旅游景点门票为例。安徽省有众多具有深厚文化积累的景点，但这些景点的门票信息要么过分冗长，要么过于简略，没有充分展现景点历史的悠久和文化的高雅品位。有些景点门票甚至没有文字介绍，导致门票所蕴含的文化信息过于单薄。楚地是楚文化的发源地，楚文化源自古代楚人在这片土地上创造出来的文化，其在青铜器、漆器、织丝品、刺绣、哲学、文学和艺术等领域都取得了非常显著的成就，创造了非凡的文明辉煌。利用门票设计，将楚文化元素融入其中，并通过游客的实际体验，提升楚文化在人们心中的地位。具体而言，我们应该充分发掘楚文化的各种文化资源，将其潜藏的文化内涵有机地融入门票的设计和制作中。如果湖北旅游景区希望有更多的发展机会，就必须在探索楚文化方面下更多的功夫。在门票设计方面，突出表达楚文化的主题，弘扬楚地悠久的历史文明。山水景观中一样可以进行文化旅游，关于湖北三峡，历史上也有不少文人的名作流传后世，如屈原的《山鬼》、宋玉的《神女赋》等，是对三峡风光的最佳描绘，亦可用来作为三峡景区的文字介绍。又如湖北省博物馆的门票，图片是博物馆的全景照，配有中英文的文字介绍，在有限的篇幅内，文字介绍涵盖了馆址、历史、功能、馆藏量和代表性文物，是较为全面的。但是，如果有一两句关于楚文化的总体特征或馆藏文物总体文化的概述，能给游客留下更鲜明的文化印象。

苏州的旅游魅力在于其丰富多样的文化和自然景观，其中园林建筑、古镇特色、名刹和江南自然风光等方面都有着独特的表现，使其成为一个旅游资源形式多样、呈现丰富多彩的特色城市。所以，在设计门票的时候，千万不能简单地套用模板，而要对所涉及景区的具体状况进行深入分析。只有这样，门票设计才能和景区的整体风格相一致。比如，一提到苏州城，便会联想到建城功臣伍子胥；就苏州的园林来说，拙政园和留园是典型的江南古典园林的杰出代表。将这些信息整合到景区门票中，可以使游客对景点的了解更加全面深入，同时增强游客的参与感和好奇心，从而提升景区的吸引力和旅游价值。

2．设计应与景区特色相协调

世界不少地方的人们都提倡和谐，特别是具有悠久历史的中国，更加注重天人合一。在设计旅游景区门票时，应该考虑景区的特色，让门票与景区环境协调一致，追求整体和谐统一的风格。门票设计可以考虑以历史文化为主题进行统一，以确保门票风格的一致性。

在武汉，有一座著名的黄鹤楼，每当提到它时，人们会不禁想起崔颢在诗中写到的“昔人已乘黄鹤去，此地空余黄鹤楼”。黄鹤一去便不归，千年白云空悠游。汉阳树木清晰可见，鹦鹉洲上绿草葱茏。日落时分，乡村小镇的入口在哪里？毛主席的《菩萨蛮·黄鹤楼》：“茫茫九派流中国，沉沉一线穿南北。烟雨莽苍苍，龟蛇锁大江。黄鹤知何去？剩有游人处。把酒酹滔滔，心潮逐浪高！”许多文化人和文学爱好者在这里流连忘返，倾情作诗，留下了许多传颂千古的佳作。这些诗人备受人们崇敬与怀念，因此，这样的主题在旅游设计中具有无限的发展潜力，并深受游客的喜爱。根据景区的资源特点、文化传统等方面进行全面评估和分析，筛选出主题和特色，然后在门票的设计中展现，让游客有机会深入感受楚国的独特风姿。目前黄鹤楼景区的门票上除了黄鹤楼的远观图，仅有“天下江山第一楼”的语句。其实究竟哪座楼是“天下江山第一楼”，目前学术界还有不少争议。因此，“天下江山第一楼”并非独指或专指黄鹤楼，在门票上高调地印上这句话，还不如另择其他。有不少描述黄鹤楼文化价值和美学特征的古人措辞，也许比这标榜“第一楼”的门票“宣言”更合适。

3．设计上要体现文化的精髓

文化旅游景区门票设计的核心是展现景区所承载的文化。应以深厚的文化背景为依托，进行设计开发，着重渲染门票的纪念性和文化性主题。

吴文化源远流长，长久以来在苏州、无锡等地区形成独特的文化气息，经过数百年的沉淀和发展，已经日臻完善和成熟。苏州的吴文化是由多种不同的文化因素所组成的集合体。苏州古城以其宏伟壮观著称，其工艺之巧妙令人惊叹，即便是屈原这样的文学巨匠也对“吴戈”赞不绝口。此外，苏州还拥有被誉为世界文化遗产的古典园林。文化方面，昆曲是苏州的传统表演艺术，被誉为“百戏之祖”，而评弹则以其婉转动听的声音被称为“最美之声”。苏州吴文化有着灿烂的历史，这些文化成就足以展示其辉煌的功绩。为了使苏州旅游景区门票在旅游市场中脱颖而出，必须紧跟旅游行业的发展潮流，注重吴文化的融入，注入丰富的文化元素，同时也要确保了解旅游市场的实际情况，并做出适度、合理的调整。

门票设计需要凸显苏州吴文化的特色，简述苏州在几千年的历史长河中文化发展脉络，从而增强人们对的文化认同感。

4. 选择合适、正确的文字

文字是门票设计中最直接、最重要的文化体现。文字作为一种表达形式，是文化的一部分，在门票有限篇幅下，文字传达了大多数文化信息。特别是在那些具有悠久历史文化的景点，门票的文字信息显得更加重要，因为它不仅需要简单易懂，还需要体现景区的文化底蕴。此外，门票用语可以结合当地的宣传口号或旅游网站的标语，便于游客深刻记忆和宣传推广。

简而言之，一个好的门票应该通过简洁明了的文字和精美的图像展现出景区的主题和价值。这样做可以让游客更直观地了解景区。这种门票可以作为宣传景区特色的工具，通过展示景区的独特魅力，提高它的知名度并吸引更多游客前来参观旅游。有些游客在未曾了解某个景区之前可能并不知晓其存在，但当他们看到该景区的门票后，可能会产生前往游览的欲望。门票设计应该充分考虑旅游景区的特色，以吸引游客的关注，并从多个方面入手制订设计方案。

二、文化旅游景区讲解服务

（一）提供“文化型”景区讲解服务

导游，也称讲解员，是指在景区或博物馆为游客提供讲解服务的专业人员，其培训和管理通常由景区统一负责。他们需要充分掌握相关专业知识，以便传承当地民族或地域文化。导游需要采用友好、平等和灵活的方式，以旅游景点和相关社会文化现象为支撑，挖掘和介绍文化内涵，以促进主客双方的文化交流、分享和体验。景区讲解员需表现出态度友好、口音纯正、用词精美、讲解真挚朴实、行动快速，呈现有涵养的风度和高雅气质。景点讲解员的精神风貌可以通过他们的外在形象表现出来，包括容貌、姿态和服装等方面。这些因素与讲解员的道德品质、修养、文化水平、审美情趣以及文明素养等密切相关。旅游景区的讲解员如同景区的灵魂塑造者，其首要职责就是向旅游者详尽讲解所在景点的自然风光和人文风情。

中国有不少名山大川，在这些风景区拥有悠久的历史和丰富的文化遗产，如道教名山、佛教名山，历代诗人的诗词歌赋、名人的篆刻题咏，都需要文化型的导游从历史、宗教、地理、人文等方面进行专业的讲解，从而让游客深刻领会名山的文化内涵。即使是纯粹的湖光山色等自然景观，亦可以从中国古代文人、探险家的审美角度进行解说，如儒家思想构造的“德化山水”观念，赋予自然山水以道德性格，这种观念起源于孔子的名言：“智者乐水，仁者乐山。智者动，仁者静。智者乐，仁者寿。”即人们在游历山水中，体会自然的玄妙，使境界得到提升，从而达到塑造人格的目的。景区讲解员应对中国经典的传统山水风景审美观了然于胸，随时结合风景名胜对游客做出专业的文化讲解。

（二）优化景区讲解员工作技能

景区的讲解员要有足够的灵活性，才能满足游客的个性化需要。只有通过长时间自觉的知识积累和语言练习，才能实现厚积薄发的效果。

1. 深入拓展讲解的内容和知识点

对于与景点有关的知识，讲解员需要广泛积累，并拥有将已知的知识点与未知的知识点联系起来的能力。一些额外的知识点可以融合到解说词中，让解说更加生动详尽；其他可作为储备知识，灵活应对来自高文化层次游客的提问。如果游客在导游的讲解中表达了对某一问题或文化现象的深层探讨意愿，导游需要在日常工作中深入研究并积累相关景点知识或文化现象的知识才能应对。当游客询问景区文化特色时，不能随意回答“自己也不太懂”，因为这会极大地降低游客对我们的信任程度。要对园林的造林法则、山水布局、立意乃至楹联内涵了然于胸，对山水入画、视窗如画等原则清楚把握，在讲解中不仅达到“传形”，还要“传神”，将无声的园林景观用灵活、生动有趣的讲解语言变得“活”起来。如杭州西湖、承德避暑山庄等世界文化遗产景区内，就有不少历代帝王书写的匾额和楹联，如果不深入研究其含义，一旦遇到游客提问，是很难做出正确应对的。对于中国的各种古建筑旅游景区，要深刻了解中国传统建筑的使用材料、搭建技法的精妙之处，尤其是木质材料与西方石制建筑蕴含的不同文化含义及生活哲理。

2. 掌握高水平的讲解技艺

讲解可以说是景区讲解员的看家本领。要想使游客在游览中有所收获、有所感悟，从而达到满足游客需求、让游客愉悦的效果，就需要培养更多优秀的景区讲解员，并要求他们在讲解过程中深度挖掘景区文化内涵，为游客提供优质服务。导游在工作前必须大量储备景区的旅游信息，对文化景区来说，相关的文化背景、文献资料、逸闻趣事都要了如指掌。还要善于从当地的民风民俗等方面积累精彩丰富的文化素材，应对游客的各种提问。在讲解中要时刻注重表情、动作、声调，营造引人入胜、身临其境的氛围，使游客对景点的历史故事、文化事件有深刻的感受。要对景区的政治、经济、军事、文化、交通、宗教、民俗等方面的内容了解透彻，并将实际情况正确运用到讲解中去，才能丰富讲解内容。

3. 维护文化遗产的真实性

展示文化遗产是指通过举办各种活动，来加深公众对文化遗产的认识和理解，活动要遵循真实性和易于访问的原则。要求遗产展示必须恪守真实性原则，准确地呈现并诠释文化遗产中与文化价值相关的内容。无可厚非，文化遗产在旅游业中扮演着越来越重要的角色，它具有不可替代性。一些国内文化遗产景区未能认识到解说词在遗产解说系统中的重要性。实际上，景区讲解员的讲解词是展示遗产的重要手段。讲解词是否得当，关系到文化遗产的真实性、知识的完整性、社会责任，以及对文化意义和文脉关系的尊重。

景区讲解是展示和诠释文化遗产的较为常见和重要的途径之一。通过介绍，人们可以透过文化遗产的实体形式了解文化遗产所包含的真实而丰富的历史文化内涵。游客追求真实性体验，即通过接触旅游目的地真实的日常生活，或者深度了解并与之互动，获得一种真实的体验。如果讲解员在讲解过程中为了使严谨历史符合大众口味，做出虚拟化处理，那么就可能会减弱文化遗产所具有的教育功能。

文化遗产地想要实现旅游发展与开发保护共赢的局面，必须从遗产资源所蕴含的文化本质出发，生成一个真正表达文化遗产的旅游产品，让游客得到真实的文化遗产体验。虽然电子导游等已经开始流行，但是这些方式不能完全取代导游的解说。特别是在面对团队游客或有高度文化体验要求的散客时，真人讲解效果会好很多。

三、旅游景区餐饮特色服务

游客在旅行中对于美食的需求已经不仅是为了充饥，更多的是追求一种独特的体验，希望品尝那些平时无法享受的美味佳肴。为了迎合游客对于餐饮方面独特、新颖、异乎寻常的追求，景区餐饮在保证卫生的基础上，也需要具备鲜明的特色。旅游景区餐饮服务是为了满足游客在游览过程中的饮食需求而提供的服务，它是景区服务中较为重要的一部分，高质量的餐饮服务是衡量景区经营总体质量水平的重要指标。特色餐饮是景区的重要旅游资源。饮食文化是中国文化的一个重要组成部分，游客可以通过品尝美食了解当地的民风民俗、文化传统、历史沿革，甚至宗教习俗。因此，旅游餐饮不仅满足旅游者的生理需求，也是旅游活动得以进行的必要手段，而且可以成为旅游的目的之一，即成为吸引旅游者的一种旅游资源，如现在兴起的美食旅游。景区的餐饮服务如果能根据客人的需求及当地实际，传承或开发一些名菜名点，推出特色餐饮，必然会丰富旅游的内容，吸引更多游客。

（一）宴会餐饮文化

许多景区的餐饮缺乏创意，未能凸显出景区独特的餐饮文化特色。在旅游景区餐饮中，常常会推出所谓的当地特色菜品。然而，一些菜品仅仅是农贸市场的普通原材料经过包装和加工，却没有真正的当地特色和独特的烹饪方式。菜品是餐厅成功经营的根本，景区餐厅需要具有景区文化特色的核心菜品。

景区宴会餐饮在食材的选择上应以民俗、民族、土特产、郊野化、农家化为特点，由于有较深的地方烙印，文化内涵丰富，因此将成为旅游中的主要餐饮方式。特色餐饮要考虑餐饮文化的渊源，它往往代表着正宗。如顺德是粤菜发源地，北京烤鸭是最正宗的烤鸭，南京板鸭是最正宗的板鸭。一些美食材料具有很强的地方性，如三水的禾花雀、南京江宁的老鹅、苏州阳澄湖的大闸蟹等。例如，无锡三国景区推出的三国宴特色餐饮，包括八卦豆腐、草船借箭、舌战群儒、火烧赤壁、三顾茅庐、长坂坡、关公刀豆、苦肉计、子龙救孤、桃园结义、貂蝉玉饺、反间计、三国归晋等菜品，菜谱的设计凸显了三国文化。另外，三国水浒景区还推出湖上冷餐——乘水浒官船、观太湖夕阳、尝太湖湖鲜，别有一番风味。在一些著名景区，同时著名的还有一些传统老字号餐饮店，如坐落在西湖边上，素以“佳肴与美景共餐”而驰名的楼外楼餐馆。

又如，湖南常德的梁山寨酒家以《水浒传》为蓝本，营造出古寨文化的独特风格。这些菜品几乎都是“土色土香”，五谷杂粮、野菜竟有 60 多个品种。梁山寨酒家用心良苦，构思精妙，使顾客顿时以为时光倒流到了千年前的宋代。古风古韵，绿林豪情，由此迎来了源源不断的客源。

总之，景区需要不断提高菜品的质量，增强其文化底蕴，把握消费者心理，抓好符合景区特质的主题菜品。

（二）以澳门、香港为例的地方小吃文化

澳门是一个适宜徒步游览的城市。澳门世界遗产景区里，窄小的横街斜巷里传统老字号的手信店比比皆是。手信是突出当地的传统人文价值，携带方便，颇

具当地文化特色的旅游目的地手工纪念品，常见的是地方小吃和手工艺品。例如，1935 年创业的咀香园饼家，传承至今，仍在使用传统的木桶炭烧技术，将杏仁饼放在木桶中，利用木桶内的炭火热源来除去其中的水分。多年以来，无论是制作饼干所需的材料，还是用于加热的燃料，从未有过任何改变。咀香园饼家因其对澳门旅游行业的积极贡献而获得了行政长官颁发的“澳门旅游功绩勋章”。许多老字号手信品牌共同把澳门的饼食文化推广到全球，同时也增加了澳门的旅游知名度。

除此之外，澳门一些地方小吃采取家庭式经营，如杏仁饼、老婆饼、猪肉脯，还有古风车仔面、豆腐面店，都蕴含着浓浓的地域风情与传统文化。澳门世界文化遗产景区澳门历史中心的街区里，有不少中华美食手工艺人，这些小吃及背后的创造者也是传统的文脉延续。作为中西文化交流荟萃 500 多年的老城，澳门的葡国菜也是十分出名的。例如，葡式蒜蓉炒蛤蜊，搭配红葡萄酒，受到世界各地游客的欢迎。到香港除了四处游览和尽情购物，品尝街头老店的地道小吃，也是体验香港文化的好方法。香港饮食文化为东方文化、西方文化的交汇所在，发展出了一套糅合中国菜（主要为粤菜）和西餐的饮食习惯，被誉为“美食天堂”。在香港的文化发展中，饮食占有重要而有趣的一环，不仅有以往的大排档等街头食档，老字号的酒楼食肆、各类地道酱油、饼食及特色食品，而且在旺角等地的街头小巷老店中，还能品尝到咖喱鱼蛋、煎酿三宝、钵仔糕、臭豆腐、鱼肉烧卖、鸡仔蛋等地道的传统南方美食。

（三）餐厅环境文化

一些景区的餐厅设计与景区的主题不协调，影响了景区的美观性。有些旅游景区的餐饮建筑与整体规划不搭配。餐饮经营者在建筑设计的时候要么过度追求现代化，要么借用其他建筑风格，严重破坏了景区景观的形象完整性。从 2013 年开始，云南泸沽湖景区的一些外来经营商户和本地居民修建了不少与原生民族文化景区风貌不协调的餐饮建筑，严重影响了泸沽湖景区的保护和协调。这些建筑后来都在政府的组织下予以拆除了。

景区内餐饮设施的规模应与接待游客规模相适应。规模过小无法满足大量游客的就餐要求，反之，规模过大又会造成资源浪费；就餐环境应整洁、优美，通风良好，空气清新，同时与提供的菜品服务相协调。就餐环境是餐饮文化的组成部分，其营造的文化氛围是多角度、多方位的。餐厅的文化主题和内涵可以从多个方面体现，如餐厅外部的建筑风格、内部布局、装饰设计、环境氛围、灯饰摆设和墙上的装饰画等。餐厅既是用餐场所，还是一个独特的、令人舒适愉悦的文化中心。主题餐厅能够为顾客打造出各种氛围，无论是温馨、神秘、怀旧还是热烈，应有尽有。这些主题餐厅各具特色，前来就餐的顾客不仅能品尝到美味佳肴，还能感受到浓厚的文化氛围。因此，顾客很容易就会被主题餐厅所吸引，感受到餐厅独特的魅力。例如，一进湖南常德梁山寨酒家的大门，游客便能看到仿古风格的装饰和家具，四壁张贴着水泊梁山一百零八将的画像，满屋子摆放着硕大的酒坛。正面由具有古将风度的“寨主”率众恭敬迎客，见男客称呼一声“壮士”，见女客则高呼“女侠”。可以健康为主题，结合中医和餐饮文化，设计药膳主题餐厅；也可以动画片《哆啦 A 梦》为主题，将儿童餐厅设计为哆啦 A 梦的幻想王国等。主题餐厅必须深度挖掘餐饮文化内涵，避免形式大于内容，才能实现可持续发展。

（四）餐饮服务文化

旅游景区的餐饮服务是为了满足游客在游览景区期间的用餐需求而提供的服务。景区服务包括餐饮服务，而餐饮服务的品质和风格，是反映景区经营总体品质和特点的重要指标。景区餐厅应当强调提供富有文化底蕴的独特餐饮服务。要使主题餐厅有吸引力，除了味道鲜美、吸引人的餐饮菜品和独特的装修风格，还需要提供高品质、与主题相关的文化服务。通过为主题餐厅员工设计独特的服装并改进其服务方式，来增强文化内涵的服务特色。

比如，鹤翔山庄的员工服装以白鹤为主题，领口、胸襟和袖口均绣有白鹤图案。衣服底色为紫绛色，搭配玫瑰红和鹅黄色，展现出高雅的气质。在青岛，有一家武侠主题餐厅，所有服务员均身着短衣布褂，青色衫子和黑色裤子，衫子背后印有一个“武”字，“腰系玉带”，非常符合武侠的主题。服务员们会针对每一位客人的特点，提供热情、周到的服务。服务员是餐厅形象的代表，服务员的着装、举止、态度等都能反映出餐厅的文化和气质。再如，北京 ABC 餐厅致力于向客人提供独特的服务，该餐厅的服务员和调酒师都拥有魔术表演的技能，常常在为客人服务的过程中以幽默风趣的表演为其增添乐趣，以此打造轻松、愉悦的就餐氛围。

餐饮还可以与歌舞表演相结合。采取饮食文化与歌舞艺术相结合的形式，使游客在品尝美味佳肴的同时，还能欣赏一台优美的歌舞表演。比较著名的有西安唐乐宫唐代歌舞盛宴、昆明世博园的吉鑫宴舞等。服务人员要有优雅的举止，对待客人需坦然，亲切和蔼，切记不要用躲闪、游移不定、疲倦的目光打量游客。最忌讳的动作有当众抓头、掏耳朵、扯衣角等；与顾客交谈的基本原则是诚恳、大方。与用餐客人谈话的注意事项：不该问的别问，不要指手画脚，不要议论对方的点菜习惯、穿着举止等。景区餐厅应为来自世界各国的游客提供符合国际餐饮礼仪的服务，即跨文化餐饮服务。除了在摆台、菜肴服务、酒水服务上必须按西式餐饮礼仪，结账时不能大声吆喝“请付多少钱”，因为在西方人看来，主人不应让客人知道价格，让客人知道主人请人吃饭花费不菲或花费太少都是不愉快的事情，所以服务员应把账单盖着放在托盘里递给主人。随着中西餐饮文化礼仪的不断普及，这些将会渗透到每位服务人员的理念中。

第二节　旅行社和酒店文化服务管理

一、旅行社的文化服务

（一）“文化型导游”的产生

根据《旅游法》的解释，参加导游资格考试成绩合格，与旅行社订立劳动合同或者在相关旅游行业组织注册的人员，可以申请取得导游证。随着旅游业的快速发展，有文化素养的导游成为急需的人才。自 20 世纪 80 年代开始，全球旅游业逐渐转变为更加注重文化和精神体验的新型文化旅游。现在人们已经不再单纯地将旅游和度假视为一种消遣娱乐，而是将其视为能够锻炼身体、丰富精神、增长知识的一种方式。这个“文化旅游时期”的标志性特征在于，人们不仅出于物质的需要和享受而旅游，更强调了知识获取、信息获取、文化享受以及精神体验的提升等方面的动机。随着旅游市场的不断成熟，新兴旅游需求的崛起，文化型导游逐渐走向主流，成为游客的首选。面对新形势下的游客，导游人员需要具备广博的知识，涵盖天文地理等各个领域，同时也需要了解一些琐碎的细节，除此之外，导游还需具有专业技能和专长，既能满足大众型游客的需求，又能为专家型游客提供足够的服务。旅行社的文化型导游比定点景区导游对整条文化旅游路线上的风土人情、人文特色了解得更全面，具有更丰富的文化知识储备和跨文化服务素质。

文化型导游是一种旅游服务形式，其主要宗旨是向游客传播本国、本民族或地域文化。他们会在游览过程中，以旅游景点、景物和相关的社会和文化现象为依托，采用友好、平等、灵活的方式向游客介绍文化内涵。此举旨在促进主客双方之间的文化交流、文化共享和文化体验，从而达到文化传播的效果。根据《旅游法》第四十一条，导游和领队在从事业务活动时，必须佩戴导游证、领队证，并且要遵守职业道德。此外，他们还必须尊重游客的风俗习惯和宗教信仰，告知并解释旅游文明行为规范，引导游客健康文明出游，并劝阻游客违反社会公德的行为。这些素质是必须具备的，如果想成为一名文化型导游，就需要掌握这些基本素质。这些是文化旅游景区文化型导游必须具备的基本素质。

文化景区尤其需要文化型导游的智慧服务。比如，在河南许昌曾经举办过“三国曹魏文化旅游”活动，举办成功的关键就是文化型导游的支持。如今，强化文化旅游成为共识，在这样的大环境下，文化型导游正备受重视。他们的使命是为游客提供丰富的文化知识，帮助他们深入了解旅游资源中的文化内涵，激发他们在文化旅游活动中的共鸣，从而获得精神上的愉悦和满足。文化型导游还能够增强许昌的“三国曹魏文化旅游”活动相关景区的吸引力和感染力。三国文化是以三国时期的历史和各种文化现象为基础，逐渐变迁和演化形成的一种独特的文化系统。许昌的“三国曹魏文化旅游”涵盖了两个要素：第一，依然存在于现代的三国时期的历史文化遗址；第二，既有三国历史的背景，同时也融入了《三国演义》和民间传说中的名胜古迹。三国文化旅游产生的根基是三国文化，并以名著《三国演义》为主引导，通过带领游客游览探访与其相关的现代景点，如文物遗址、纪念性建筑和著名人物的故居或陵墓等，以了解和体验三国文化的文化活动。这就意味着，文化型导游在介绍许昌三国曹魏文化旅游景点时，需要准确把握其历史、演义、体验，以及欣赏四种特点。他们需要探寻三国历史的真实性，善于运用三国文化中的演义手法，精心设计能够让游客体验到三国文化的特殊之处，并且让他们欣赏到三国艺术的美妙之处。通过这些措施，导游可以让游客在穿越历史的过程中感受到不同寻常的曹魏文化魅力。

（二）导游人员的文化品位与审美情趣

文化旅游景观里面的一些古建筑，无论从结构形式、建筑工艺还是图案雕饰方面来讲，都是民族文化内涵的外在体现。旅游文学中涉及的民俗风情、景物描写、神话传说等元素，反映了民族的个性、思维、精神以及道德准则。这些旅游景点呈现了历史文化的影响，汇聚了古人的思想精华和才智，能够激发现代人的思考，丰富现代人精神内涵，拓宽文化艺术视野。现今，极少有人只是抱着购物和娱乐的目的旅游，特别是对于外国游客来说，大多数人之所以旅游是因为他们被中华古老文化的魅力所吸引，他们旅游的目的是更好地了解、研究和探索中华民族的习俗文化和民族精神。这意味着导游人员需要在他们负责的领域内，广泛涉猎，深入了解相关景点的历史文化背景和演变过程。在旅游时，游客会遇到一些历史悠久且具有文化意义的景点。为了让游客更好地了解这些景点，导游人员需要通过自己所知道的信息，生动地向游客介绍每个景点的历史背景。这样有助于游客通过回溯和联想，更好地感受到中华民族源远流长的历史和文化。在旅游文化实践活动中，导游人员自身的文化修养和审美素养，以及是否可以发掘文化旅游信息。这一点对于扩大旅游市场、推动旅游事业发展以及加强国际文化交流都有不可低估的作用。扬州作为全国二十四座历史文化名城之一，拥有众多历史古迹，如汉隋王陵、唐宋古城遗址、明清私家园林等。经过近 2500 年的发展史，扬州凝聚了丰富的文化和旅游资源，如扬剧、清曲、评话、弹词和木偶、玉雕、漆器以及休闲文化资源，如淮扬美食、沐浴文化。导游人员是游客与扬州文化之间的桥梁，扬州的这些文化特色需要导游人员以专业的讲解方式呈现给游客。要取得这一效果，需要导游人员提高自身文化素质，成为一名文化型导游。

（三）以人为本的旅行社服务

以人为本的旅行社服务，指的是以游客为中心，根据游客的需求来提供人性化的旅游服务。最终目的是让游客不虚此行，在旅游中获得美好的体验，最终实现本企业的经济效益。对于旅行社来说，想要提供人性化旅游服务，首先要实现旅游服务的个性化。具体做法是，旅行社站在游客的角度来设计旅游产品，设计旅游路线。当游客的需求提高后，再开发更具有特色的，个性化的、符合当前时代要求的旅游产品，从而避免同质化的竞争。当前，有很多的旅行社会根据不同年龄、不同需求的客户群体推出特色鲜明的旅游产品。例如，亲子夏令营、夕阳红旅行团、蜜月游等。拿夕阳红产品来说，除了导游人员，该团队还包括专业的医务人员，为老年游客提供安全保障。因为老年人在体能方面无法与年轻人相比，所以节奏缓慢的旅游产品成为老年游客的选择。时刻为客户着想，满足客户所需是最高级别的服务，是实现人性化服务的重点，而关注细节是最简单的实现方式。对于旅行社来说，只有真正以游客为核心，注重提供优质服务并满足游客需求，旅行社才能在竞争激烈的市场中脱颖而出。这样才能创造属于自己的成功之路。

自 2013 年以来，昆明康辉旅行社把以游客为中心、尊重游客、爱护游客作为重点工作改革目标，以提倡人性化服务为宗旨。该旅行社为每一成团的游客提供印刷精美的出行手册。出行手册，并非单纯描述行程说明或注意事项，而是图文并茂且条理清晰地告诉游客全程需要关注和注意的点，甚至细致到针对该团某位特定游客提出的建议和警示。出行手册体现出在服务细节上的确下了功夫。这本完整的出行手册，通常必备的有交通简介、行程简介、景点简介、旅游目的地说明、各地注意事项、旅游目的地天气、相关图片、各地紧急联系人名录、全团基本信息等，甚至有为某些游客单独列出的注意事项，如团员中有的游客患有高血压，而行程中可能涉及漂流、缆车等惊险项目，除了工作中额外提醒和关注外，也会在手册中针对这些游客给予解释和说明，既是为了日后工作的顺利安排，也是一种责任。

人性化的服务更要注意跨文化服务。旅游的特点之一是追求新颖、独特和与众不同的体验。旅游者被好奇心驱使，希望前往异国体验当地的文化和习俗。旅游者倾向于选择与本国文化不同的目的地旅游，因为他们渴望体验新奇。就价值观而言，东西方文化存在巨大差异。例如，在个人隐私观上，在西方文化中，个人隐私备受尊重，人们通常不喜欢别人干涉自己的事务。就像私人信函的内容是私人的，不能随意泄露；私人事务也应被尊重，并不应该随意打探。旅行社工作人员在接待外国游客或带团出境时，必须了解各种中西文化的禁忌。旅行社要对出境游的中国游客进行文化培训，或让领队在境外进行文化提示。

如成都勇闯旅行社，针对自驾游的团队客人，推出了很多贴心服务。例如，将会在途中安排各式各样的团队活动，包括进藏家、户外野炊等，旨在丰富旅途生活。提示游客关于藏区人文摄影问题，尤其在大昭寺、扎什伦布寺、哲蚌寺等，建议尽量使用卡片机，最好先征得被摄者的同意，不要打扰他们正常的宗教活动。还安排了丰富的特色活动，包括走进希望小学的关爱活动，走进藏家体验藏文化，户外野炊、采蘑菇、采野花，参加拉萨庆功宴等，还为游客提供了整个团队全程的精美纪念画册及纪念章。

二、酒店的文化服务

酒店服务是以满足宾客需求为目的，以酒店设施和设备为基础，为宾客提供所需的物质享受和精神享受的综合。在文化旅游景区中，酒店服务应该融合当地的特色景观和民俗文化，以实现个性化、差异化的服务为目标。

虽然，我国的旅游业发展较为快速，但建在景区内部的主题酒店却不多。有一定的历史文化优势的地区，已经率先在景区里设置了主题酒店，并得到了广泛发展。例如，北京的三里屯酒店、景德镇青花主题酒店和上海 JIA 主题酒店等因为打造了独特的风格，展示出了当地的文化特色，吸引了众多旅游者的青睐。我国一些二、三线城市，虽然文化底蕴深厚，却缺少主题酒店。景区内的酒店大多缺乏创意，只是照葫芦画瓢，导致建设重复率很高。这种建设方式不能与旅游景区的资源互相补充，也很难让酒店在景区里彰显特色。在我国，有些旅游景区的酒店并未充分考虑所在地区的情况，而是盲目地建造了高档次的主题酒店。这种做法不但无法凸显景区主题酒店的优势，而且还会给景区环境带来一定负面影响。

国内景区的酒店经营广泛存在淡季、旺季顾客失衡的问题。除春节、清明、五一、端午节、中秋节、十一黄金周、寒假、暑假，其余时间都属于景区的淡季。加上不少景区酒店的文化定位不鲜明、住宿设施不够精美和特色化，配上过高的房价，淡季就更无人问津了。

为了解决这些问题，景区里的酒店必须从文化入手，改善企业的服务。如酒店主题包括建筑外形、内部装饰风格甚至是员工着装都紧扣当地文化特色，同时讲究礼仪差异化服务。这样，不仅能宣传推广酒店的文化理念和企业精神，而且能从景区最根本的旅游吸引物——文化出发来招徕顾客，增强游客的文化感受和文化记忆。

（一）酒店的企业服务文化

酒店服务文化是指酒店在其经营管理过程中形成发展起来的、独具个性特点的文化现象。酒店的服务文化在酒店管理中处于核心地位，是酒店企业的灵魂。具体来说，包括酒店的精神、酒店的价值观、相关的行为准则、酒店的宗旨以及酒店的道德规范等方面。例如，某酒店的文化理念是：以人为本，以德为本；点滴改进，超越自我；顾客至上，利润第二；唯才是用，公私分明；铁的纪律，爱的管理。其管理理念是：以顾客为导向、以员工为中心、以质量为灵魂、以文化为源泉。其中，对构建员工与顾客之间桥梁的企业文化的重视显而易见。

酒店服务文化的核心是其所秉承的价值观。酒店的价值观指的是在酒店经营过程中所信奉的基本理念和追求的目标。如威斯汀酒店集团的价值观是“为每一位宾客提供高品质的产品服务”，四季集团的价值观是“一切为了顾客”，上海和平饭店的价值观是“优秀企业造就优秀员工，优秀员工造就优秀企业”等。

中国不少酒店尤其是经济型酒店在硬件设施的建设上，风格大同小异，缺乏个性，缺少个性化的服务文化建设。酒店的企业文化，是由企业、员工以及顾客三方共同构建的服务价值理念综合。酒店员工和酒店有着同样的目标追求、同样的价值信仰、同样的利益。酒店的企业文化是以服务为核心，以为旅行者提供住宿、餐饮、购物、娱乐等服务为基础的一种文化。这种文化包括物质和精神方面的表达，体现了酒店对客人的关注和关怀。为了让顾客喜欢酒店的服务，酒店需熟悉他们的爱好和生活习惯，并且提供融入当地传统文化的特色服务。

以湖北省武汉市为例，经济型酒店可以引入楚文化、江湖文化、码头文化等具有武汉地域特色的理念，突出酒店的地域文化特征，提高顾客的品牌认知度。景区酒店的服务文化，要与景区的旅游环境相融合，培育富有地方特色的酒店服务。如英国海峡群岛的俱乐部酒店为游客推出了“阳光管家”服务。管家可以提供多种细致的泳池服务，其中包括擦拭太阳镜、涂抹防晒霜、帮助护理皮肤、供应降温毛巾和西瓜，令游客得到“尊享”式的假日感受。目前，越来越多的国内酒店投资者和经营者已认识到酒店服务文化形象塑造的重要性，并自觉运用“酒店文化力”的作用实施经营管理。

（二）酒店的文化主题选择

对于景区酒店来说，有时会处于偏僻之地，景区外的游客造访需要激发深层的旅游动机，如文化主题体验动机。因此必须打造与景区相关的浓厚文化特色，形成持久的文化吸引力。

在主题选择上，景区酒店应在细分市场中找准自己的优势位置，找准客源市场，注入属于自己独特的主题文化，以独特魅力征服观光旅游者。应当把当地的特色以主题的形式融入酒店中，如在江浙一带可以水乡为主题建造主题酒店，并不要求奢华，相反，恰恰要与水乡的环境相适应，古朴、幽静的环境更能吸引人。另外，酒店可以就地取材，与酒店所在的景区环境相协调，例如内蒙古大饭店是中国首家以草原文化为主题的酒店，通过对草原文化的挖掘和提升，培育强大且持久的竞争力。旅游景区主题酒店还应不断给自己注入新的活力，留住回头客，其中包括文化内涵上的创新和酒店软硬件上的创新。在酒店的主题上应不断延伸，挖掘深的、新的内容，还可以结合时代潮流以及旅游目的地的文化特点。如丽江古城花语主题酒店，百花绽放的花语文化主题酒店，以云南多样的民族花卉文化为基础、以游客到云南就会爱上赏花休闲游的动机为导向，打造花语梦境丽江，为游客提供古城外的一处宁静惬意的港湾。

应对景区独具特色的旅游资源进行充分的利用和整合，使其形成景区酒店的聚合力量及核心竞争力。从主题文化入手，将主题文化竞争力转化为吸引力。主题酒店通过整体的主题文化塑造，使主题酒店从传统的住宿设施转变为旅游景点。例如，鹤翔山庄就是景区文化与主题酒店结合的一个优秀案例。鹤翔山庄位于世界文化遗产、中国道教发源地青城山景区内，是游客游完青城山后深入体验道家文化的景点之一。

主题酒店可以将传统酒店的住宿餐饮产品赋予主题文化的内涵，以文化为基础。整合相关市场资源，如以成都西藏饭店晚间“欢乐时光”的活动等，引发许多西方客人驻足观赏和体味热烈奔放的西藏文化。主题酒店为主题文化的研究和产品的创新提供组织保证，如成都的京川宾馆特别成立“三国文化研究中心”。还可以将著名影视剧的拍摄地与酒店的主题营销挂钩。

（三）酒店的专项文化服务

文化旅游过程中的酒店要能提供定制化或说“个性化”的服务，本书称之为“专项文化服务”，以体现差异化的竞争策略。酒店提供差异化服务，可以为顾客带来惊喜。如酒店可以了解顾客的饮食和睡眠习惯并记录，以便提供更贴心的服务；对顾客进行满意度调查和定时回访；在顾客入住时向顾客赠送附有酒店简介的本地导游图；在顾客离店时赠送附有酒店地址、电话、网址等信息的小礼品；定期向离店顾客发电子邮件或祝福卡。这样的服务可以提升顾客满意度。在经营策略上要有服务创新，做到“人无我有，人有我精”，酒店对于文化旅游顾客的造访，应致力于让其从中获得富有个性化的文化感受，用个性化的服务取代刻板的、模式化的服务，让顾客获得享受、知识和快乐。酒店应考虑文化氛围营造的重要性，用来突出酒店的主题，并在浓郁的氛围中提供特色文化服务，让顾客体会到差异化的文化服务。

餐饮是景区酒店吸引游客的重要方面，酒店应形成主体菜系，提高菜品质量。酒店要形成既适应多数顾客口味，又提现本酒店特色的主体菜系，在确定主体菜系的同时突出风味和特色。要根据季节规律和当地风俗，及时推出不同的时令菜肴和节假日宴席。

实现服务方式的主题化。主题酒店的服务必须具有主题特色。例如，以古罗马为主题的美国拉斯维加斯恺撒宫大酒店里面，由男女服务生分别扮演的“恺撒大帝”和“皇后”不时出巡，与游客合影，让顾客有一种身临其境之感。使服务人员的服装、言谈举止和服务质量等与酒店的主题相互呼应。就服装而言，所有服务员的服饰要与酒店主题紧密相连，只有这样，才能够加深顾客对酒店的印象与对酒店文化的理解。例如，传统的中式酒店的服装大都是采用喜庆、热烈、典雅、庄重的色彩，如大红色、金黄色等。

韩式酒店里迎宾小姐穿韩服，亦能给人一种直面韩国服饰文化的感觉。

另外，注重加强旅游景区知识学习，培养高素质员工队伍。在人才培养方面，旅游景区的主题酒店员工不仅要具备常规主题酒店所要具备的技能，而且要注重学习文化地理知识，这样才能凸显其特殊性，让游客在观赏游玩的同时，体验更温馨、更舒适的主题酒店文化特色。在酒店硬件水平日趋接近的情况下，服务水平、员工素质等软件已成为酒店业竞争的焦点。通过文化专业知识和服务技能的培训，提高员工的服务水准，配合酒店的各色专项服务，是旅游景区酒店维持特色化竞争的基础。

（四）酒店客房与服务设施的文化设计

对于景区酒店的经营管理，应注意专项旅游产品的开发，结合景区开发有特色的产品和服务，树立品牌，吸引更多的游客。而酒店设计中地域文化对于特色化的管理来说十分重要。一个成功酒店的设计必然能够根据其所在地区的文化特点将酒店的品质与其结合，从方方面面体现地域文化性，以此来更好地满足人们的需求，实现酒店服务质量的提高。例如，在酒店的外部和室内装潢上结合景区的特色进行装修，在装潢和服务特色上展现出旅游景区人文资源的特色，增加对客人的吸引力，树立酒店特有品牌，吸引游客留宿。

酒店装修不一定要豪华，关键是要有文化特色。在基本的、必要的装修基础上的装饰，哪怕是一幅小的装饰画、一个花瓶插花、一盏小巧玲珑的特色灯具、一件意趣盎然的工艺品，都会带给顾客一种温馨的感觉、一种“家”的感觉。因此，酒店服务文化装饰的重点和方向，应当是在建筑装修已经定型的情况下运用相关设备、工艺品或其他装饰配件等，通过文化主题的提炼、文化蕴含的展现、文化氛围的营造等不同层面带给顾客温馨、惬意的归属感。

作为国际连锁度假酒店集团，丽江悦榕庄的最大特色在于它每在一个地方开分店，都极力营造当地的建筑特色与旅游风格。丽江悦榕庄位于丽江束河古镇口与白沙古镇交界处，以丽江最奢华的客栈闻名，每日费用从500美元到3000美元不等，备受游客欢迎。丽江的德丰大宝客栈，在一个当地商贾大户的院子基础上，按四星级标准设计装修，解决了木质房屋最难解决的隔音问题；大量采用了古老的木质雕刻及家具，使整个纳西庭院显得古典淳朴。这样的建筑质量与特色在丽江古城也是很少见的，使外地来的游客更能体验纳西族的文化。

而拉萨香格里拉大酒店的装修设计与设施安排深刻地体现了藏族文化：大堂里排列着一盏盏酥油灯，它们会从清晨一直燃烧到深夜；转经筒形状的大吊灯被藏红色的帷幔层层围绕，充满了藏传佛教寺庙般的仪式感；笑容可掬的服务员为游客捧来洁白的哈达；一位藏族画家正在大堂的一角专心绘制着唐卡，身边摆放着一瓶瓶纯天然的矿物质颜料……拉萨香格里拉大酒店的设计师曾在藏民家住了两个月，在充分感受传统藏式生活的魅力之后，将藏族元素巧妙地应用到酒店的每一个细节中。

不少酒店的建筑外观是根据酒店文化主题来建造的。主题酒店的室内装修设计风格与主题酒店的外观设计风格一致，可以让整个酒店做到表里如一，从而取得强化酒店主题的效果。家具作为酒店的一个重要组成部分，在展示酒店文化上扮演着重要角色。

酒店设定的主题建筑决定了顾客对该酒店的第一印象，在是否能够吸引顾客前来消费方面起着重要作用。因此，主题酒店必须注重主题建筑。此外，主题建筑还应该与主题景观相协调，这样才能使主题酒店更具特色。一些酒店以某一段时期的历史为题材，用具有那个时期特点的物品来设计、装饰酒店，使顾客一走进酒店就能感受到一股浓郁的历史氛围。例如，以三国文化为主题的四川京川宾馆，它的外立墙面到处都可以见到融入三国文化元素的日月、祥云等图案，彰显了古代人对大自然的热爱之情。还有一些酒店将某一特色城市作为主题，然后通过局部模拟和微缩仿造再现该城市的风采，使游客可以近距离地接触世界名城。

又如澳门的威尼斯人度假村，作为全亚洲最大的单体建筑，以威尼斯水乡为主题，酒店范围内是充满威尼斯特色的拱桥、小运河及石板路，充分展现了地中海风情和威尼斯水城文化。该度假村设有柏岸池、天蓝池和绿意池等多个游泳池，威尼斯人池畔花园以及水力按摩浴池等设施；而“池畔小屋”则设于游泳池旁，可供游客于泳池边举办生日会或私人派对，小屋内有等离子平面电视机、古式吊扇、空调和电话等设备。度假村里的大运河购物中心是澳门最大型的室内购物中心，位于澳门威尼斯人度假村酒店第三楼层，云集了超过 350 家购物商户、数十家食店和三条室内运河。整个购物中心被一幅偌大的天幕覆盖，天幕可配合电脑控制的灯光，营造出日出日落的云彩和天色，配合特色街道、运河、里亚特桥，环境典雅瑰丽，令游客仿佛置身威尼斯的街道一般，得到了如梦如幻的水上娱乐城文化体验。

总体而言，要对酒店所定位的文化特色（包括希望展现的地域文化、民族文化、历史文脉等方面）进行综合考虑和全面把握，展现酒店所在景区深厚的文化底蕴和无穷的魅力。

第三节　文化旅游的公共服务管理

一、文化旅游的交通服务

旅游交通服务是为旅游者在旅游过程中提供的交通运输服务，包括旅游公路、旅游航空、旅游铁路、旅游水运及特种旅游方式共同构成的产业集合体。提供服务的主体涉及国家各级政府部门、旅游规划部门及交通企事业单位。旅游交通服务的对象不是一般乘客，而是旅游者。旅游交通服务使旅游者通往旅游目的地具有通达性，是影响旅游产业布局的重要因素，文化旅游业也不例外。

早期西方国家交通工具的发展历程，丰富了旅游的文化含义，使人们从郊区休闲游发展为去更远的地方进行宗教、修学旅游。交通服务促进了本地文化与异地文化的交融，一个城市交通规划甚至对城市的人口结构起到一定的调节作用，影响着城市的文化资源。例如，英国的文化古城牛津选择公共汽车来疏导人流，鼓励小汽车停泊在城外。而在英国其他人口密度低的地方，则推行自驾游。可见，旅游交通服务对文化资源地起到游客调节的重要作用。

旅游交通使旅游者的空间位移得以实现，其本身也构成一种旅游吸引物。因此，旅游交通对旅游业的发展有着至关重要的意义。旅游交通服务的内容如下。

第一，旅游交通规划。早在 20 世纪 20 年代，美国的交通调查就注意到旅游交通需求，并开始在道路交通规划上融入旅游交通规划的概念。此后，美国相继开通了多条以旅游者为主要对象的收费道路。日本在 1962 年制订的“全国综合开发规划”中首次提到了旅游交通的问题。此后，日本在旅游交通规划理论、旅游道路设计方法等方面均投入了相当大的力量，建立了较为完善的旅游交通规划理论体系。

第二，旅游交通网络。得益于政府对发展交通的高度重视，旅游业发达国家普遍形成了由航空、铁路、公路、水路、地铁等组成的立体化及由地区、全国及周边国家组成的网络化格局，最大限度地满足旅游者的流动意愿。如在日本，各大城市之间由高速公路、电车、新干线及飞机相连接，城市内的公共交通网由地铁、轻轨电车、公共汽车所构成，从而形成了快捷有序的交通网，该交通网能按照旅游者的不同需求，将他们快速送往各旅游目的地，同时也成为旅游者体验交通文化的最好方法。

第三，交通设施设备。国家往往在旅游交通建设上投入巨额资金，以保证其硬件设施、设备达到世界领先水平。西班牙在旅游交通的整体规模上，不断完善现代化综合运输体系和通信网络。在澳大利亚，城市道路并不宽，但标线清晰，标志设置齐全醒目，并与交通流量、流向相匹配。路面管理主要依靠完备的监控系统，各大城市已经取消了专司路面交通管理的警务人员，只有在人流密集的区域会安排少量男女骑警。

第四，旅游出行服务。旅游交通不仅需要完好的设备、设施和较高的运营管理水平，更重要的是为方便旅游者而建立一整套与交通有关的服务体系。在巴黎各个地铁站，均可以免费索取地铁交通图；为方便游客，地铁站附近的咖啡馆和香烟店也出售地铁票。在日本，各种车站销售的公交车和地铁的旅游通票，可供旅游者在一天中自由乘坐公交车和地铁。该旅游通票不仅价钱固定、便宜，还可以作为主要旅游景点的门票，让旅游者在一天中游遍一座城市。

我国一些文化旅游名城近些年来十分注重旅游交通和服务的改善。如河北省承德市是全国首批二十四座历史文化名城之一、全国首批优秀旅游城市、国家重点风景名胜区，其文化底蕴深厚、文化古迹荟萃。目前旅游产品已逐步向多元化转变，文化产业成为拳头产品。在政府的牵头下，承德市注重把山庄寺庙旅游资源与现代休闲项目结合，把皇家文化、佛教文化、民族文化与参与性娱乐项目结合，重点向文化创意、休闲度假等旅游类产品发展。“一环八射”高速公路网初步形成，京承高速成为进入承德市的旅游交通要道。市区内，县与县之间、景区与景区之间的道路网已基本实现覆盖，中心区开通了串联景区、景点的客运专线。还进一步加快了重点景区、景点周边，主要商业餐饮街区附近，大型团队驻地附近的停车场和公厕建设步伐，并相继启动了三个旅游集散中心的建设改造工程。

选取西安城区内三大著名历史文化景区大明宫国家遗址公园、大唐芙蓉园、西安城墙景区为研究案例，从游客感知角度出发，对城市旅游景区旅游交通的满意度做出综合评价和对比研究。对西安市大明宫国家遗址公园、大唐芙蓉园、西安城墙景区三大历史文化景区的旅游交通满意度进行综合评价和对比分析得出：第一，游客对三大景区的旅游交通都达到满意程度，满意度由高到低依次为大唐芙蓉园、大明宫国家遗址公园、西安城墙景区。满意度差异显著要素为交通基础设施质量、交通便利性、景区道路的设计和护栏、警示牌等旅游交通安全设施四个方面；第二，不同性别、不同年龄、不同文化程度、不同居住地的游客对景区旅游交通满意度的感知具有明显的变化规律，而不同收入的游客对景区旅游交通满意度的感知变化规律则不显著。

对于自驾游者来说，我国目前在旅游交通设施方面的服务不足。

很多景点没有专门的停车场，或者车位数量少；在路况信息的及时发布、明确的路标指示、加油站的合理布局与标志指示、汽车旅馆的建设、汽车维修以及紧急救援服务诸方面，都有不少问题亟待解决。

对于背包客来说，长途汽车是背包客旅游时选择的主要交通工具，国内缺少针对背包客的长途汽车。普通长途汽车很少直接到达景区，而市内旅游公交专线仅停靠就近景点，不适合长距离和跨省区的旅行活动。这方面可以借鉴美国著名的灰狗汽车公司的做法，将汽车出租公司和旅游服务系统结合，借助连锁经营的汽车出租公司，使自助游者能够随时租车和异地还车。在此基础上，可以考虑实现旅游客运的联合运输。旅游客运联合运输是指通过两种或两种以上的客运方式，或同一旅游客运方式的几个不同运输主体遵照统一规章或协议，全程使用一种运输票据联合完成旅游客运任务的形式。这是未来旅游交通发展的重要方向。

二、文化旅游的信息服务

建立有效的旅游公共服务体系，营造旅游快速发展的良好环境以及推动旅游信息系统和组织的建设，提高旅游市场的规范程度等，是旅游经济发展中亟待解决的问题。

旅游信息需求贯穿旅游需求的全过程。旅游者旅游消费的投入和旅游消费的满意度与旅游信息供应的总量和方式紧密关联。目前，发达国家和地区的旅游信息服务体系已经相当完善。旅游信息服务可以分为以下几个方面：

第一，电子、网络信息服务。信息化是 21 世纪旅游业的趋势，旅游网站的建设、经营方式的网络化、电子化为旅游者的出游提供了巨大便捷。在旅游电子业务运作和信息服务领域，英国是走在世界前列的，其旅游系统有着非常完善的电子化政务公开和旅游信息服务功能。从 2005 年 4 月开始，旅游者就已经可以在线查询英国境内旅游产品和价格，通过目的地管理或国家服务提供系统来预订，这标志着英国电子旅游网络的形成。英国的旅游网站上还会提供完善的旅游宣传品递送服务，如打开伍斯特郡的旅游网站，旅游者只需要填写首页“宣传册请求”栏中的一份电子表格，在网上发送后就会收到相关地方寄来的宣传册。

第二，旅游信息咨询中心。在旅游业发达国家，旅游信息咨询中心是最典型的为公众和旅游者提供服务的公共机构，已成为旅游者获取当地旅游信息的首要选择。

英国有 800 多个旅游信息中心，它们多位于旅游者集中的目的地区域中心，或距离机场、车站、码头不远的地方。不管是城市还是乡镇，都有完善的交通标识。英国的旅游信息中心是政府旅游服务的代理机构，从事旅游咨询服务，免费提供至少上百种旅游单页或折页信息，内容涉及旅游生活的方方面面。宣传单页整齐摆放在资料架上，一般都统一尺寸规格，便于旅游者携带。美国的旅游咨询服务中心绝大多数位于旅游者集中的地区，提供丰富多样的服务项目。首先在旅游信息服务方面，涵盖包括旅馆、文化、餐饮、购物、观光、盛大活动、精彩赛事以及交通等方面的信息，具有资质的信息专家提供 10 余种语言的信息咨询服务。服务中心同时也提供 24 小时多种语言的电话咨询服务，并根据每个月的特殊盛事、体育赛事和文化活动更新咨询服务中心的电视节目。值得一提的是，大多数咨询服务中心还为残障人士提供专门的信息咨询服务。此外，咨询服务中心还为旅游者提供其他多种综合服务，主要包括：预订旅馆、娱乐项目订票服务；出售纪念品、地铁票、电话卡，出租相机；发送电子明信片，获取免费的打折券；停车服务、休息室、电话吧、自动提款机、酒吧、公共休闲中心。

第三，旅游宣传图卡。旅游宣传图卡是旅游信息服务中传递信息最多的促销手段，是旅游者做出消费决定的最重要影响因素。在澳大利亚，旅游宣传卡片由旅游经营机构、旅游管理机构、旅游行业协会等免费向旅游者提供。这些内容翔实、设计精美的宣传卡片被放置或陈列在火车、汽车、飞机的座位背后的读物袋中，机场和车站的出港通道、出站通道里唾手可得而又不妨碍旅游者通行的地方，旅游者下榻的宾馆、酒店、旅社门厅醒目处的陈列架上以及旅行社的营业部的杂志架上。

对于我国的文化旅游目的地来说，尽管互联网有了很大的发展和普及，传播旅游资讯的媒介方式和数量大大增加，这些都拓宽了人们获取旅游信息的渠道，但其提供的内容却尚未满足旅游者的实际需要。例如，目前网上的旅游信息大多是对景点的简单介绍、旅游线路和产品推广、票务预订以及一些自助游记；自助旅游书籍也多以手记为主，提供的旅游信息不够全面，对自助旅游者设计新线路来说非常重要的信息，具有互动性的在线咨询也基本空白。总之，在旅游信息的内容发布和服务方式等方面还有待拓展，旅游信息服务还远远不能满足旅游者的实际需要。尤其是人文习俗、禁忌等方面的官方提示还有待完善。例如到云南、广西旅游，对于纳西族的文化特征，除了跳舞、走婚之外，旅游者知之甚少，从而出现了一些当地居民与旅游者之间因为“祈福收费”等问题纠纷。

在对策上，必须丰富完善旅游公共信息的发布和推广。旅游公共信息服务是旅游公共服务建设的核心组成部分。行政管理、旅游企业等相关部门，在旅游者目的地选择阶段，可通过网络、咨询平台等协助旅游者获取信息，促使旅游者产生旅游行为。在旅游者旅行过程中，应向旅游者提供介绍、讲解和导引等服务，通过各种旅游公共信息服务设施的覆盖，刺激旅游者的信息触觉，吸引旅游者的注意力，关注旅游者满意度的反馈情况，及时与旅游者沟通。在文化旅游活动结束后，应对旅游者进行意见征询和再联络，通过网络空间和交流平台，鼓励旅游者变成旅游目的地信息的积极传播者。

应普及旅游咨询中心。如旅游业发达的澳大利亚拥有世界上最发达的旅游信息系统，其旅游咨询中心遍布全国。在旅游咨询中心，不仅可以免费获得旅游地图、住宿、租车等宣传资料，购买旅游纪念品和当地特产，还可以进行住宿和旅游活动的预订，并配备业务素质和服务意识高的工作人员，为旅游者提供全方位的服务，解答旅游者的相关疑问。然而，如何满足广大民众海量的个性化旅游需求，仅仅依靠传统的服务模式，几乎不可能完成。而近年来在南京、镇江等地试点的“智慧旅游”对构建现代旅游公共服务体系具有重要意义。智慧旅游就是依托云计算、物联网等高新技术，整合旅游目的地吃、住、行、游、购、娱以及其他各类资讯、服务于一体，利用电脑、触摸屏特别是智能手机等各类体验终端，为广大民众提供“各取所需”的服务。

例如，西藏自治区人民政府网就在“西藏旅游”栏目中刊文，提示广大进藏旅游者要事先了解当地风俗禁忌。到西藏一定要注意言行，要注意民族团结，要尊重西藏的风俗习惯，比如喝酥油茶。去藏族人家，主人肯定会倒上酥油茶，双手递出，这时也一定要双手接过来，千万不可单手。青藏地区的民风深受宗教影响，有些习惯不能以城市人的心态标准来衡量，不要去计较和指责他们。拍摄人物尤其是妇女，也要小心，藏族人未必都喜欢被人拍摄，为避免麻烦，拍照前最好先打招呼征得同意。

三、文化旅游的公共基础设施服务

近几年来，随着交通、现代通信、网络技术及其他配套服务设施的发展，我国旅游者的出行条件及便利程度大为改善，但依然面临诸多问题。很多旅游城市的基础设施和接待配套设施不够完善，缺乏系统的规划和协同开发，特别是针对自助旅游的配套设施严重不足。目前国内著名的大型旅游网站，如携程网、遨游网等，更多的是服务于商务游客，提供的往往是较高端的服务产品，自助旅游者往往无法选择到所需要的网络产品。

完善旅游基础设施。旅游目的地在住宿设施的配备上应多样、便捷。旅游目的地政府要大力引导企业投资建设卫生、便利、实惠的经济型酒店，大力建设家庭旅馆。家庭旅馆可将客栈的民居特色和青年旅馆的专业化服务结合起来，为自助旅游者提供更好的服务。针对自助旅游者的需要，可参考发达国家（如美国、法国等）的经验，以规划建设汽车旅馆为突破口，可以在景区周围设立加油站、汽车维修站等设施；针对徒步旅游者的需要，可在景区内划出一些环境较好的空地，供旅游者休息、野炊、露宿之用，也可以建立综合服务站，出售或出租帐篷、睡袋、烧烤工具等野营用品，出售生食或熟食，派专人负责露营区的安全，向自助游客提供全方位的旅游服务。例如，美国黄石公园就专门开辟了一块地区作为“房车营地”，提供专门的供水系统和垃圾处理服务。中国惠州的惠东海岸，有不少收费的海滩旅游景区。除了景区自己搭建并出租的小木屋提供的服务较完善外，没有为选择其他住宿方式的游客提前提供安全指引。例如，在游客租好帐篷并搭建好入睡后，才提醒露营游客要远离海水涨潮的位置，造成游客与景区的纠纷。

对于背包旅游者，针对他们采取的“随走随买”购买方式，必须提供便利、准确、高效的预订系统，尤其在票务方面。这种预订期短、要求急、批次多、批量小、变化快的活动方式决定了对便利、准确、高效的智能旅游交通信息查询系统的需求。可在旅游咨询中心、游客集散中心增加网络、电话预订服务，为其自由便利活动提供有力保障。

四、文化旅游的公共营销与推广服务

公共营销是由政府、非营利组织等主导的，包括企业及个人等在内的多方共同参与的对公共产品进行的市场营销活动，其目的在于促进公众对公共产品的认识和了解，提升公众对其的形象认同，保证公众公共利益的实现。而旅游业的公共营销模式是以政府和非营利组织（旅游行业组织）等公共组织为核心主体，以旅游整体形象、整体旅游产品等准公共产品为对象，以旅游客源、投资者以及人才等为目标而开展的一种营销活动模式。文化旅游目的地应根据游客的文化需求，根据本身旅游资源供给的地域特点，结合市场定位，进行科学的公共营销。

如昆明在1999年获得“中国优秀旅游城市”称号，之后一直都在按照这个标准包装自己。世博会后，昆明市委、市政府提出要发展大旅游、培育大市场。2003年以来，从“昆明天天是春天”形象广告入手，狠抓城市营销，增强了品牌竞争力，强化了昆明旅游目的地、集散地功能，国内外客源市场不断扩大。为充分展现昆明旅游特色，世博会之后的五年，昆明每年举办的大、中型节庆活动平均多达15项。在政府的支持下，“皇马”造访、东亚城市市长论坛、环球小姐中国总决赛等活动，使昆明一次次成为中外媒体瞩目的焦点。近年来，除了中国国际旅游交易会和国内旅游交易会，昆明还组团参加了香港旅游交易会和柏林旅游交易会，积极开展对目标客源市场进行考察和宣传促销活动，不断巩固和开拓国际客源市场。与此同时，昆明注重把民族文化与旅游相结合，旅游产品越来越适应入境游客需求，阳光高尔夫和滇池高尔夫先后投入运营，金方温泉、昆明春天温泉等已成为昆明度假品牌，昆明旅游已开始由观光型向度假型转变，旅游业二次开发全面启动。

五、博物馆、图书馆为文化旅游提供的公共服务

美术馆、公共图书馆、文化馆（站）是公益性文化事业单位，是开展文化旅游公共服务的重要场所。我国博物馆、纪念馆在2008年实现全面免费开放后，2011—2012年，美术馆、图书馆、文化馆（站）也实现免费开放。博物馆、纪念馆是陈列、展示、宣传人类文化和自然遗存的重要场所。

博物馆、纪念馆、美术馆、公共图书馆、文化馆（站）的免费开放和科学管理，是进一步提高政府为全社会提供旅游公共文化服务水平的重要举措，是实现旅游目的地文化旅游的高水平发展的积极行动。博物馆、纪念馆免费开放，有利于完善我国旅游产业的公共文化服务体系，有利于发挥博物馆和纪念馆作为公益性文化机构的社会服务价值，有利于加强旅游活动中的国际文化交流和中华民族优秀文化的宣传推广。

目前，我国图书馆和博物馆服务存在的问题是，部分免费开放场馆的入场券获取方式相对售票入场难度较大，对一些人造成了一定程度的困难。例如，一些场馆采用了网上凭证件号领取入场券的方式，这一方式对不常甚至不会使用电脑和网络的老年人群体以及上网或获取证件号有困难的游客，特别是外国游客群体的入场造成了一定程度的困难。这些群体（老年人和外国游客）是文化艺术场馆参观者的重要组成部分。文化旅游的发展趋势需要公共图书馆的全面介入和参与。文化旅游是以历史文化资源为中心，经过市场运营，形成的一种旅游形式，文化

旅游涉及所有体现民族文化传统和人文精神的物质和精神的存在形式，欣赏某一民族文化的个性，探究文化景观自身演变的过程和结果，具有综合性、民族性、地域性和寓教于乐的特点。文化旅游的进一步发展，离不开拥有丰厚文化文献资源的公共图书馆。

公共图书馆服务文化旅游和建设旅游文化的基本思路：

第一，深入挖掘人文景观、名胜古迹的历史文化渊源。旅游业本身具有尚古特色，旅游对象年代越久远，所积淀的历史文化信息越丰厚，就越具有文化内涵发掘的潜力。公共图书馆配合以文物、遗址、古建筑为代表的历史文化旅游，利用文献优势搜寻古籍，挖掘方志、传说，追根溯源等，都是挖掘历史信息的好方法。配合以生活习俗、节日庆典、祭祀、婚丧、体育活动和饮食服务等为代表的民俗文化旅游，形象地再现缤纷的民俗风情，详尽地诠释旅游景点的诗文、楹联、碑刻，对当地旅游资源文化特色进行系列包装整合，引导游客在景区中走进丰富多彩的文化隧道。

第二，建立完备的旅游文献保障体系。筹划建立各级公共图书馆旅游文献资料室。设立专门经费，以保障旅游文献的购置，并将现有馆藏的所有旅游文献资料集中起来，进行开发、利用，除到书店购买，还要与中国旅游出版社建立联系，保证最新的旅游资料及时到位。通过各种渠道，利用各种手段，广泛收集本地旅游文献，组织人员到本地各旅游部门、各旅游景点以及全国旅游交易会进行征集活动。深入民间，直接与个人联系，取得大量相关资料，同时，为了使馆藏旅游信息资源多样化，不断增加旅游电子文献的收藏，增订旅游报刊，为开展旅游特色服务打下良好的物质基础。

第三，加强各类旅游信息的收集和开发。随着中国和世界旅游业的发展，国内外旅游市场竞争日趋激烈，而旅游市场的竞争在很大程度上是信息的竞争。图书馆要发挥信息优势，加大旅游信息的收集力度。可指定专人收集有关旅游方面的信息资源，如国家旅游局的《中国旅游报》、亚洲太平洋旅行协会的《亚洲太平洋旅游协会旅行信息》、世界旅游组织的《旅游统计年鉴》等，同时还要密切关注与旅游相关的报刊上的信息。建立信息网站时，可专门建立旅游信息网页，与国家旅游局开发的“中国旅游信息库”“旅游政策法规信息库”联网；还要与当地负责旅游的政府机构加强联系，以获取有关的统计信息和政策、法规等信息，为发展地方旅游经济提供决策依据。

第四节　文化旅游服务管理技术创新

随着信息技术的发展进步，文化旅游服务管理技术也在不断创新，智慧旅游已经成为文化旅游市场的新宠儿，改变着传统文化旅游业态。《"十四五"旅游业发展规划》在推进智慧旅游发展方面明确提出：加快智慧旅游景区建设，完善智慧旅游公共服务，丰富智慧旅游产品供给，拓展智慧旅游场景应用。

一、智慧旅游服务的概念和内涵

所谓智慧旅游服务，是指旅游企业集团以旅游者为核心，利用大数据、物联网、云计算、人工智能、虚拟现实等各种信息技术对旅游者数据进行收集、挖掘和计算，通过智能数据积累主动发现旅游者的现实需求，并挖掘其潜在需求，基于全过程、全要素的服务资源集成和参与主体协同，为旅游者设计个性化服务方案并精准推送给旅游者，以满足其旅游需求的过程与方式。一方面，智慧旅游服务能促进旅游信息流重构、旅游业务重组、旅游组织优化；另一方面，智慧旅游服务将影响旅游者信息搜索行为方式，还将加速文化旅游营销方式、文化旅游管理方式等发生根本性改变。

二、智慧旅游服务助力文化旅游发展

（一）开辟智慧旅游天地

我国早已进入信息化时代，信息技术为代表的先进通信技术、互联网技术、大数据技术等已经完全融入社会生活和工作中，改变了众多产业的业态与职能。对于传统旅游业来说，信息技术的融合为其带来了全新的发展机遇，不仅革新了旅游信息传播方式，更加改变了传统的旅游服务方式，正式产生了智慧旅游的概念。文旅融合则拓宽了智慧旅游的边界，道出了现代人对于旅游产业新发展的期待。要想发挥文旅融合的作用，推动智慧旅游产业发展，首先就应该根据当地旅游文化资源打造特色文化体验项目，如文化艺术节、手工艺体验、出土文物参观等，让游客在传统旅游行为中感受浓厚的文化气息，实现沉浸式旅游体验。在此基础上，景区还可以借助数字技术营造丰富的文化空间和场景，实现多种形式的文化交融，带给游客一种独特的文化体验，展现文化旅游项目的竞争优势。针对

风景秀丽的自然景点，只是视觉上的观赏是比较单调的，如果能够将一些当地的文化故事融入旅游设计中，就能够给予游客多种感官的刺激，体现文化旅游的价值，进一步开拓智慧旅游服务的范围。

（二）开拓文旅融合功能

智慧旅游的发展应建立在文旅融合的基础上，结合优美的自然景观与优秀的传统文化配合宣传我国可持续发展、自然环保、建设文化强国等重要政策与理念，充分发挥旅游行业的文化宣教功能，让游客在游览祖国大好河山、感受独特人文风俗时形成强烈的民族自信与文化自信。在信息技术和互联网技术的支持下，各景区可通过多个渠道进行旅游宣传，如网络直播、转播等方式，为游客展示最为真实、热闹的旅游景象，提供云游览的机会，构建新型的智慧旅游模式，在开展旅游宣传的同时满足不同游客的消费需求。除了景区官方的宣传展示之外，各自媒体博主也可通过快手、抖音、小红书等多个平台发布有关自己旅游经历的笔记或短视频，甚至可选择直播营销的方式，为广大游客展示当地最为真实的景观场面，通过地方风俗、歌舞等吸引更多旅游爱好者。当前大部分旅游者对于旅游的期待不局限于对美丽自然景观的欣赏，更在于对旅游目的地独特人文风俗的体验，因此这种文化在线产品就能够吸引更多游客，激活旅游存量，提升游客的旅游体验，使游客与当地文化产生精神共鸣。

（三）创新文旅融合形态

文旅融合为智慧旅游发展指明了方向，同时也构建了创新旅游产业形态发展新格局。我国文化和旅游部门支持旅游行业新业态的发展，同时鼓励线上线下结合的旅游宣传与服务模式，旨在创造文旅融合发展新业态，丰富智慧旅游内涵，提升文化产业竞争力。从传统文化产业与旅游产业角度来看，两者受到数字化时代的影响均需寻找突破创新的机会和方向，此时文旅融合与智慧旅游就实现了数字经济与实体经济的融合，创新了文旅融合发展的形式，满足了现代人对于文化旅游的想法。在信息技术的支持下，人们已经依托当地的文化与景观提供了云旅游、云展览、云购物等多种服务，极大地丰富了旅游发展以及文化传播的形式，赋予了传统文化与旅游行业发展的动力与活力。当前线上已经出现“科技＋付费”的在线文旅业态消费模式，通过信息技术开展线上演唱会、直播等，打破传统文旅项目在地域和时间方面的限制，打造了智慧实时性和文旅融合互动性的新节目。另外，依托当地特色自然特征构建的旅游产业以及相关赛事也能够促进当地文旅融合发展，为旅游业带来更多旅客，如北京冬奥会中使用8K超高清技术转播冰雪运动与场馆中的春节文化装饰，不仅实现了文化输出与传播，同时还带动了场馆周边酒店、温泉旅游等业态发展。

三、智慧旅游服务实践应用场景

2022年，文化和旅游部资源开发司、国家发展改革委社会发展司联合发布《智慧旅游场景应用指南（试行）》（以下简称《指南》），旨在发挥旅游业丰富应用场景优势，通过拓展场景应用加快推进智慧旅游发展。

根据《指南》，智慧旅游场景是指5G、大数据、云计算、物联网、人工智能、虚拟现实、增强现实等现代信息技术，在旅游服务、旅游管理、旅游营销、旅游产品等领域的综合集成应用成果，是智慧旅游体系建设的基本单元和重要构成。

基于这些信息技术，《指南》提出了十个可借鉴、可复制、可推广、具有普遍适用性的智慧旅游典型场景。

（一）智慧信息发布

运用5G、大数据、云计算、生物识别、图像采集、热力成像、数字媒体等技术，获取与旅游环境和游客体验相关的流量、气象、交通等信息，通过门户网站、公众号、小程序、微博、短视频、云直播等渠道即时发布。该场景可向游客提供实时旅游资讯服务，帮助游客了解旅游目的地综合信息，科学制订出行或游览计划。

（二）智慧预约预订

运用5G、大数据、云计算、人工智能等技术，在公众号、小程序、移动App、门户网站等多种渠道建设票务分时预约预订模块，通过后台票务数据管理平台集中管理预订信息，实现多票种分时段预约和销售功能，动态调配游客流量。该场景可以实现线上票务预约预订服务，精准控制游客规模，统筹分时分区游览，科学分配服务资源，避免游客游览时间集中和空间集聚。

（三）智慧交通调度

运用物联网、5G、大数据、云计算、地理信息系统、卫星定位等技术，在旅游道路沿线安装感知、互联和控制等信息设备，实时监测和分析道路及交通工具的通行状况、分布位置等信息，科学合理调动分配旅游区域内的道路交通资源，实现旅游交通的智慧调度。该场景可优化旅游区域内的交通运输环境，提升通行效率，提升游览舒适度和安全性。

（四）智慧旅游停车

运用图像识别、卫星定位、地理信息系统、红外热成像、传感等技术，在停车场出入口处、车道、车位等安装监控、引导、检测、收费等设备，实时监测采集车位预约、使用等信息，通过后台数据分析和对客服务端信息推送，便利游客查询、预订、导航、停车、交费等，实现停车场优化利用。该场景可为游客停车提供精准化、便捷化服务，提升停车场管理能力和使用效率。

（五）智慧游客分流

运用5G、大数据、物联网、地理信息系统、生物识别等技术，通过视频监控、传感设备等获取特定区域即时人流密度和流向、流速等数据，依托游客流量大数据平台，自动比对区域游客最大承载量，动态预测拥堵区域和时段，实时发布游客流量预警信息，及时告知游客调整游览线路，科学疏导分流。该场景可实时监控游客流量，有效疏导拥堵，提高游览舒适度和安全性。

（六）智慧导览讲解

运用5G、大数据、人工智能、虚拟现实、蓝牙、基于位置服务等技术，通过自动定位、景观识别、近距离感知、人机交互、多媒体展示等功能，采取语音、文字、图片、视频等形式，为游客提供基于位置的个性化路线推荐、导览和讲解等服务，为旅游活动提供形式多样的信息提示。该场景有助于创新导览讲解方式，丰富讲解内容，帮助游客合理安排游览线路，充分了解游览内容，满足游客的个性化和多样化游览需求。

（七）沉浸式体验

运用增强现实（AR）、VR、混合现实（MR）、裸眼3D、4D/5D、全息投影等技术，结合环绕式音响、多通道同步视频、高清立体显示等设备，通过交互式空间营造，创新内容表达形式，打造虚拟场景、多维展陈等新型消费业态，丰富数字旅游产品的优质供给。该应用场景有利于增强代入感和互动性，提升游客的感官体验和认知体验。

（八）智慧酒店入住

运用5G、大数据、物联网、传感、生物识别等技术，采用非接触式等快捷自助服务设备，为游客提供身份证扫描、人证对比、核对订单、确认入住、票据打印、自助续住、房卡发放回收、一键退房等服务，实现酒店管理系统、公安登记系统、门禁系统、在线预订平台等多个系统的数据协同。该场景可帮助游客在酒店实现快速入住，提升游客入住体验。

（九）智慧旅游营销

运用5G、大数据、人工智能、云计算、融媒体等技术，收集游客受众分类、规模数量、结构特征、兴趣爱好、消费习惯等数据，通过游客画像分析确定市场开发方向、锁定消费客群，并采取线上线下相结合的营销方式，向目标市场和目标客群精准推送相关旅游产品信息。该场景有利于把握旅游消费趋势，细分客源市场，制订有针对性的宣传方案，实现精准高效营销。

（十）智慧安全监管

运用5G、大数据、云计算、物联网、人工智能、图像识别、地理信息系统、智能视频监控等技术，在出入口、集散地、重要游览点、休憩服务场所、交通枢纽地带、事故易发地、环境保护地等安置视频监控和物联传感设备，建立实时监测、通话与定位、自动处置、SOS救援等系统；或通过无人机技术丰富立体安全防控网络，通过无人机自主巡检弥补固定摄像头视野盲区，实现视频监控、重点喊话、关键人追踪、探索环境智能监测等功能，打造立体化、全覆盖、智能化安全防控网络。该场景能够实现早期安全预警，及时发现和有效处置各类安全隐患，保障游客人身安全和旅游环境安全。

基于上述场景，文化旅游行业可以利用各种新兴技术以及相关设备实现各种文化旅游场景建设，为游客提供体验式、沉浸式旅游。当前很多旅游景区都融入了VR/AR、AI、5G等数字化技术，并通过以上技术打造虚拟体验场景，提升游客的消费体验。

比如，北京就推出了首家线上博物馆，其主要运营方式即通过AR技术创设文物观赏、场景体验等环境，给予消费者一种沉浸式的感受。深圳欢乐谷更是依托于卡通品牌打造了5G+体验乐园，同时配置了相关全景影像的设施设备，让游客足不出场馆就能够体验到真实的故事场景和画面。很多旅游景区更是配备了院内自动驾驶工具、智能客服机器人、MR体验式导览等设施，增加了文旅体验产品的层次感和丰富性，带给了游客不同的感受。

又如，龙门石窟智慧文旅数字孪生平台以数字孪生技术和时空AI技术为依托，全面融合景区全域时空大数据，实现全域资源数据共享。通过对文化遗产的数字化复原、虚拟化展示，为游客带来不同于以往的全景沉浸式体验。同时，平台结合时空数据智能分析技术，对景区内的客流、项目设施利用率、商业销售、游客行为等数据进行全面、透彻、及时地感知监测和分析，有效推动了景区的科学运营及决策优化。

再如，庐山智慧旅游建设采用5G、云计算、大数据、物联网和人工智能等新技术，融入精细化管理、主动式服务、精准化营销等新模式理念，着眼全域文旅产业可持续发展。智慧庐山在建设中便植入诸多先进理念和创新模式，随着智慧庐山运营的不断深入，建设和运营的创新模式不断显现优势。智慧庐山的建成和运营，彻底打破了数据、信息壁垒，有力地提升了景区综合管理、服务和营销水平，已取得良好的社会和经济效益。

第六章 文化旅游管理人才的培养

本章为文化旅游管理人才的培养，分别介绍了文化旅游专业人才培养现状、文化旅游专业人才培养目标与定位、文化旅游管理人才培养方案三个方面的内容。

第一节 文化旅游专业人才培养现状

文化旅游人才是指发展文旅产业所需要的具有某种工作特长的人员，尤其是指各级旅游管理部门和旅游企业中的各类管理人员和技术工人、服务人员。文化旅游产业如果想要持续高效地发展，则需要大量的文化旅游人才，这也是文旅产业发展的核心，高校文旅专业培养高素质复合型文化旅游人才，是国家和各个地区文旅产业高质量发展的关键。

一、国内学者对文化旅游人才培养的分析

国内关于文化旅游人才培养方面的研究中，梁梅朵提到“大多高校课程设置较为局限，师资力量不平衡，难以保证教学质量，无法培养出既了解文化市场，又懂得旅游市场，还能设计出文化旅游项目的复合型人才”[①]。白长虹提出“文旅行业对人才素质和能力的要求更加趋向于跨领域、跨专业、复合型和创新型等方向，要使人才适应行业变化，面临诸多困难与挑战。毕绪龙提出人才是推动文旅行业融合发展的第一要素，但如今行业人才已经不能满足文化和旅游行业深度融合发展的需求，文化旅游人才培养任重而道远，亟须升级转型”[②]。张维艳等提出

① 梁梅朵．产业融合背景下文化旅游人才培养模式创新研究[J]．广西教育，2021（31）：134—136．

② 白长虹．文旅融合背景下的行业人才培养：实践需求与理论议题[J]．人民论坛·学术前沿，2019（11）：36—42．

"需要完善文化旅游人才教育体系，打通人才培养通道，并制定相关人才引进政策"①。

二、文化旅游人才培养现状分析

（一）开设文化旅游专业的高等院校较少

目前，开设有文化旅游专业的高等院校屈指可数且多为大专院校，修学年限为三年，如山西旅游职业学院、淄博师范高等专科学校、山西建筑职业技术学院等。在课程设置上以"文化＋旅游"的模式组合而成，以旅游为依托，开设有旅游概论、旅游营销、旅游景区规划等旅游类课程；在历史文化课程方面，开设有中国历史、民俗与民间文化、中国茶文化等课程。由于开设此专业的为大专院校，从教学任务的设置上看，学校对学生的培养多以服务型、技术型人才为主，就业方向为导游、景区服务、旅游产品销售、酒店服务、航空服务等。

作为本科四年制的文化旅游专业，只有广西艺术学院的文化产业管理专业开设了文化旅游方向，该专业以文化产业管理为依托，按照"1+3"的模式培养，即学生第一年学习专业基础课程、第二年选择专业方向，文化旅游方向则侧重对旅游与文化产业类课程的学习。课程的开发既注重管理，又侧重旅游行业，还重点学习文化产业，目的在于培养既了解文化市场和文化旅游项目，又知晓旅游行业、会判断文化旅游行业发展趋势的复合型人才。

（二）课程体系设计有所欠缺

就目前而言，开设文化旅游专业的大专院校，在课程体系的设计上并未从"产业融合"的角度设置课程。如山西旅游职业学院的历史文化旅游专业，除了旅游相关课程，还开设了中国古代文化、中国历史、宗教文化、古建文化、晋商文化、民俗与民间文化、古代文学鉴赏、非物质文化遗产保护与管理、旅游节庆活动策划等 9 门与文化相关的课程，这 9 门课程虽与文化相关，但与文化产业课程体系的内容还有一定差距，并不能让学生较为全面地了解什么是文化产业。

以广西艺术学院文化产业管理专业文化旅游方向专业为例，该专业作为文化产业管理的分流方向，虽然一直在探讨文化产业与旅游产业的结合点，并以此为依据对文化旅游方向的学生进行培养，但课程体系建设仍有待完善。第一，该专

① 张维艳，郑荣，崔国巍，等．应用技术大学《旅游资源开发与规划》课程教学方法改革探讨[J]. 商品与质量：消费研究，2014（4）：213.

业授予艺术学学位，在艺术院校的大环境下，学生对文化艺术类课程的感知力、学习能力、接受能力要比学管理类课程的能力强，如何权衡“文化”与“管理”的课程仍需探讨；第二，所开设的景区开发管理、旅游产品开发与管理、旅游规划、旅游心理学、旅游演艺策划等11门旅游类课程，要考虑到文化产业与旅游产业市场融合发展的现状；第三，一些旅游类的课程专业性太强，如旅游心理学、旅游地理学等，导致艺术类学生在学习上较为困难；第四，需要思考旅游管理类的课程过多并挂在艺术学科下是否合理。

第二节　文化旅游专业人才培养目标与定位

一、文化旅游专业人才培养目标

文化旅游人才的培养对于文化旅游业的发展至关重要。文化旅游专业人才培养目标如下：

第一，培养具备丰富专业知识和技能的文化旅游人才，为游客提供高质量的旅游体验。文化旅游人才要了解历史文化、艺术品鉴赏、民俗风情等方面的知识，能够向游客解读当地的文化底蕴，让游客更好地了解和感受到当地的风土人情。

第二，培养有利于提升旅游目的地竞争力的文化旅游人才。一个地区拥有丰富的文化资源，并有专业的文化旅游人才团队，才能吸引大量的游客，促进当地旅游业的繁荣发展，提升该地区的形象和知名度，吸引更多的投资和资源。

第三，培养能够推动当地经济发展的文化旅游人才。旅游业可以带动相关产业的发展，促进就业增加，提升居民的生活水平。文化旅游人才在这个过程中发挥着重要的推动作用，他们能够带动更多的旅游项目和文化活动，吸引更多的游客消费，促进当地经济的繁荣。

二、文化旅游专业人才定位

产业发展，人才先行。文化旅游人才的定位不应当只是“懂得文化与旅游产业”，这样的要求太空泛了，这种空泛的定位无法保证项目在执行过程中的良性运转。既然文旅已经成为一个新的专业名词，那么这个专业的人才就应当有足够的专业背景属性。

（一）文化旅游人才必须是多专业复合型人才

文化旅游，大概念指的就是文化和旅游的融合，这也让文化旅游人才从一出现就自带了复合型的属性。在文旅的概念刚刚出现的时候，文化人才和旅游人才都成为文旅产业关注的对象，但是，文化人才的短板在于旅游消费；而旅游人才的短板在于新消费趋势。既有的旅游项目，如九寨沟、张家界、长城等，懂得这些项目运作的还不能算是真正意义上的文化旅游人才，因为我们所说的文旅，是指的新兴文旅项目，是要和这些传统旅游项目“抢游客、抢消费”的。

如果说文化、旅游是基础学问的话，那么文化旅游人才至少还应当掌握市场营销学、消费心理学、金融学、项目管理学这四个方面的知识，在这六门学科融会贯通的前提下，一个文旅项目才有可能通过文化认同感吸引游客到来；通过市场营销手段引领游客消费；通过金融手段与金融工具去为项目找到融资的机会；通过项目管理的方式去推动文旅项目当中的活动与区域化的局部管理（包含治安、环境等）……对于地方文旅而言，不仅仅是项目自身需要复合型的人才，而且文旅部门的管理者也需要复合型的知识体系，这样才能够相得益彰，通过一个项目与地区整体融合的手段获得多赢的结果。

（二）文化旅游人才应该有第三方的视角

很多文旅项目都是由本地人发起的，这固然有更了解地方文化旅游底蕴的优势，同时也容易产生先入为主的定见。无论是本地区的人才还是从外部请来的专家，在进行文旅项目规划与运营的时候都必须有第三方视角。

所谓第三方视角，指的是文化旅游人才必须做到站在游客的角度看项目。做文旅项目的初衷可以有很多，但是结论必须落在“盈利”上面。而文旅项目所有的利润来源就是游客，只站在自己的立场看问题，难免偏颇，站在游客的角度去思考，把自己当作游客，看看自己会因为什么进行文旅消费，这是文化旅游人才换位思考的基础。

第三节　文化旅游管理人才培养方案

文化和旅游部的组建，表明文化与旅游融合发展已上升为国家层面的战略思维，在制度设计上给文化与旅游的融合提供了机构保障，促进两种资源的整合及优势发挥，使文化与旅游的融合在管理职能的运行上更顺畅、更高效，大幅提升了各地大力发展文化旅游的信心。基于文化产业与旅游产业融合发展的背景，高校要顺应市场发展需求，创新文化旅游人才培养方案，推动我国文化旅游业快速、健康发展。

一、根据市场需求完善课程体系

产业融合使文化旅游的产业链延伸到生活的各个层面，深圳大学文化产业研究院张振鹏教授总结出当前文化旅游的十大业态，分别是红色旅游、夜间旅游、室内游乐、虚拟游戏、研学旅游、博物馆旅游、旅游演艺、康养旅游、房车旅游、低空旅游。高校可以此为依据完善文化旅游课程体系。第一，考虑文化产业、旅游产业的相关课程与市场的融合度，根据市场发展的现状、需求、导向来设置课程，构建满足时代需要的人才培养体系。第二，以高校的依托学科为基础，结合本校的定位及特色，有侧重地对文化旅游专业进行课程体系设置，培养多元化发展的行业人才。

二、拓宽高校与市场结合的渠道

文化旅游一词虽早已出现，但在文化、旅游国家机构合并约三年后才把文化旅游从政策到市场推上产业发展的高峰。当前，文化旅游市场呈现繁荣发展的态势，旅游市场人数节节攀升，文化消费升级，高质量的消费内容与便利的服务提供是大势所趋。高校无论是开设文化产业管理专业还是旅游管理专业，要想培养文化旅游人才，都需与市场和行业紧密结合。第一，建设人才培养基地。选择与文化旅游相关的企业或文化旅游项目，推荐优秀学生参与企业或者项目的运营、宣传等相关工作。第二，项目实训进课堂。注重培养学生的实操能力，通过创业创新、策划等赛事或教师工作室的实践项目，锻炼学生项目策划和管理的能力。第三，教师加大横向科研的力度。由教师牵头，与市场对接，积极推进横向科研的发展，以此带领学生接触市场项目。

三、融入地方特色文化产业内容

文化旅游必然与文化有不可分割的关系，文化是旅游项目的灵魂，可以提升旅游项目的品质。就目前全国文化产业发展的情况而言，我国东、中、西部地区呈现出发展不平衡的情况。东部地区，因经济发达和科技领先，文化产业多与科技相结合，如博物馆出现文物数字化和互动化的展示；中部地区，作为中华文明的发源地，有丰富的历史文化资源，主题公园、民宿、古镇游成为亮点；西部地区则具有浓厚的少数民族风情和特色，民俗节目、活动成为引领。基于不同地区的文化产业发展特色，在教学内容上，可根据地方文化产业特色和发展情况在教学中融入相应的内容。

四、以产教融合提升人才培养质量

产教融合是推进高等教育变革，培养高素质、应用型人才的根本要求和有效途径。深化产教融合，可以使高校专业人才培养和行业产业链二者之间的资源取长补短，互利互惠，从而实现共同发展。一是坚持校企共同制订文化旅游人才培养方案。高校可通过聘请文化旅游领域、行业的专家学者及具有丰富实践经验的一线工作者加入文化旅游专业建设指导委员会，定期举办研讨会，关注行业发展的动向，并依据市场对人才的需求进一步明确培养目标，从而不断完善人才培养方案。二是深化产学研协同育人机制。将产教融合贯穿人才培养全过程，并启动更高水平、更宽领域、更深层次的校企合作，构建产学合作、学研相济、研用结合的开放办学新格局。首先，高校要积极与企业建立产学研联盟，优化合作机制，驱动产学研合作由实践实习合作转向协同研究、协同创新、协同育人的更深入合作。其次，高校要鼓励各个专业主动联合本专业领域内顶级企业，通过“引企入校”“引教入企”，使多方共享资源、共培师资、共设课程、共编教材、共助就业、共研项目、共商标准、共评质量等方面进行深入合作，实现专业群与产业链、课程内容与职业标准、教学过程与生产过程的对接；积极研究、创新教育模式，着力促进理论与实践、课内与课外、校内与企业的有机融合，全面提升人才培养质量和专业建设水平。最后，借助企业活动组织、场景实践、前沿研究等优势，以项目式教学创新人才培养路径，使学生获得专业性、时效性、实践性更强的专业知识。

参考文献

[1] 晏雄，赵泽宽．文化旅游融合发展理论、路径与方法 [M]. 北京：中国旅游出版社，2022.

[2] 罗清，程伟．北京文化旅游研究 [M]. 北京：旅游教育出版社，2020.

[3] 王华，邹统钎．文化与旅游融合的理论与实践 [M]. 天津：南开大学出版社，2021.

[4] 许丽君．宁夏文化旅游产业国际化发展研究 [M]. 银川：宁夏人民出版社，2022.

[5] 孙亚辉．文化旅游产业的研究 [M]. 天津：天津科学技术出版社，2017.

[6] 王迎新．文化旅游管理研究 [M]. 北京：现代出版社，2019.

[7] 罗良伟．民族文化旅游开发与保护的文化性格维度探论 [M]. 北京：中国书籍出版社，2021.

[8] 中国职业技术教育学会智慧旅游职业教育专业委员会，浙江旅游职业学院．文化与旅游研究（2021）[M]. 北京：中国旅游出版社，2021.

[9] 潘晓波，黄强，王维，等．中国武术文化与旅游 [M]. 武汉：华中科技大学出版社，2021.

[10] 杨艳丽．金融支持文化旅游产业发展研究 [M]. 北京：中国商业出版社，2021.

[11] 黄月玲，张影娜．民族文化旅游供给高质量发展研究：以广西龙脊梯田为例 [J]. 边疆经济与文化，2023（12）：62−69.

[12] 王辉，周仲鸿，吕波．辽宁农业文化遗产旅游开发风险评价及管控策略研究 [J]. 农业与技术，2023，43（22）：133−136.

[13] 潘蔚．广西非物质文化遗产保护视角下的旅游文创产品设计分析 [J]. 艺术品鉴，2023（33）：81−84.

[14] 张金凤．挖掘民族底蕴，实现九寨沟文化旅游深入发展 [J]. 炎黄地理，2023（11）：65−67.
[15] 陈可滢．地理环境对饮食文化旅游资源的孕育及推广 [J]. 炎黄地理，2023（11）：30−32.
[16] 沈修庆．智慧旅游融合带动乡村旅游与民俗文化传承 [J]. 炎黄地理，2023（11）：62−64.
[17] 王淞，吴晨珠，秦才榕，等．海南服饰文化在旅游文创产品中的应用 [J]. 西部皮革，2023，45（22）：62−64.
[18] 丘萍．沿海县域文化—旅游—生态高质量发展评价 [J]. 武夷学院学报，2023，42（11）：37−43.
[19] 吴燕，冯胜刚，张元章．少数民族特色村寨传统体育文化与旅游融合发展研究：以贵州省为例 [J]. 体育文化导刊，2023（11）：88−94.
[20] 汪洋，刘浩莉．大庆市饮食文化旅游业发展研究 [J]. 合作经济与科技，2024（4）：52−54.
[21] 王行源．海南苗族民俗文化旅游研究：以那会村为例 [D]. 三亚：海南热带海洋学院，2023.
[22] 李宁．网红经济助力京张体育文化旅游带发展的路径研究 [D]. 北京：首都体育学院，2023.
[23] 乔文瑶．莱阳市农村文化旅游产业发展策略研究 [D]. 烟台：烟台大学，2023.
[24] 郭锦．河南洛阳神仙湾景区黄河文化旅游产品创新研究 [D]. 洛阳：河南科技大学，2023.
[25] 欧阳志．湖北襄阳市三国文化旅游产品升级研究 [D]. 桂林：广西师范大学，2023.
[26] 吴达．李时珍百草园花草文化旅游开发研究 [D]. 桂林：广西师范大学，2023.
[27] 荆玉春．J 文化旅游景区绩效管理优化研究 [D]. 石家庄：河北地质大学，2022.

[28] 申蓓 .A 文化旅游公司景区市场营销策略优化研究 [D]. 昆明：云南师范大学，2023.

[29] 张亚 . 广西西江红色文化旅游带品牌构建研究 [D]. 南宁：广西民族大学，2022.

[30] 张新成 . 文化和旅游产业融合质量评价及空间溢出效应研究 [D]. 西安：西北大学，2022.